親子でまなぶ
たのしい考古学

文・山岸良二

さし絵・さかいひろこ

カバーの絵はハニワ「踊る人びと」(埼玉県野原古墳出土)です
著者の山岸良二先生といっしょに、この本の案内人をつとめます

も く じ

はじめに　考古学ってどんなことを研究するの？　4

第 1 話　今もナゾにみちたエジプトのピラミッド　10

第 2 話　縄文土器は世界でいちばん古い土器？　16

第 3 話　縄文人は何を食べてた？　22

第 4 話　日本人はどこからやってきた？　28

第 5 話　中国最初の皇帝　秦の始皇帝の巨大な墓　34

第 6 話　銅鐸や銅剣は何に使われた？　40

第 7 話　弥生時代のいろいろな墓　46

第 8 話　日本で最初のクニ「邪馬台国」はどんなクニ？　52

第 9 話　アジアの原人は日本人の祖先？　58

第10話　古墳ってなんなの？　64

第11話　古墳の周りになぜハニワを置いた？　70

第12話　高松塚古墳になぜ絵が描かれてた？　76

第13話　古代日本と関係の深い百済　武寧王陵のナゾ　82

第14話　法隆寺はほんとうはいつ建てられた？　88

第15話	日本でいちばん古いお金は？	94
第16話	平城京はどのくらいの大きさだった？	100
第17話	大噴火にうもれた古代の都市ポンペイ	106
第18話	信長や秀吉の城もわかってきた！	112
第19話	江戸時代の町や村も発掘されてる	118
第20話	発掘される明治・大正・昭和	124
第21話	密林のなかに発見された大仏教寺院 アンコールワット	130
第22話	発掘調査ってどのようにやるの？	136
第23話	今から何年前ってどうしてわかるの？	142
第24話	むかしの人はどれくらい遠くまで移動してた？	147
第25話	考古学によって地震の予測もできる！	152
おわりに	考古学はこんなにおもしろい	156

カバーデザイン：吉永聖児

はじめに
考古学ってどんなことを研究するの？

　みなさんは家や学校のちかくで、道路工事や水道・ガスの工事でもないのに土を掘ってなにやら調べているのを見たことがありませんか？　これは土のなかにむかしの建物やむかしの人が使っていたものが埋まっていないか調べているのです。これを「考古学の発掘調査」といいます。このような調査をして調べている所を「遺跡」といい、土のなかから見つかったものを「遺物」といいます。

　これからこの本を読んで、「考古学ってどんなもの」で「どんなにおもしろいもの」か、お父さんやお母さんといっしょに勉強してみましょう。

　考古学が研究するものはじつにたくさんあります。人間の最初の祖先とされている「猿人」は750万年も前にアフリカに出現したといわれます。それから日本に人が住むようになったのは何万年も前のことだし、エジプトのピラミッドは6000年も前に作られました。日本の各地に見られる大きな古墳は1800年ちかく前に作られたものです。そうした古い、古い時代のことをどうやって知るかというと、いちばん手がかりとなるのは文字で書かれた「歴史書」です。文字が早くから発達した国ではそうした文字で記録した歴史がたくさん残されています。

住居跡を掘っている

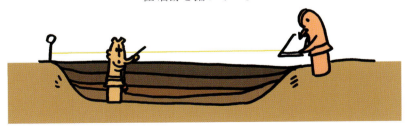

掘った土の断面のようすを調べている

発掘調査のようす①

ですが、文字で書き残された歴史は、じつは人間の歴史のほんの一部です。文字で書き残されていないほうが、はるかに多いのです。その文字で書き残されていない歴史を知る方法のひとつが「考古学」なのです。

　まだ文字が使われていないころのことでも、地下から掘りだされる土器や石器のような遺物、あるいは住まいの跡から当時の人びとの生活やくらしがわかります。もっと大きいことでは、どんな国があったのかを知ることもできるのです。

　そういうことから、以前は日本では考古学が研究するのは文字で記録が残されていない、あるいは残されていてもほんの少ししか残されていない時代のことでした。いちばん古い時代からいうと、まず「石器時代」、そして「縄文時代」、さらに「弥生時代」「古墳時代」とよばれる時代です。

　ところが、1953 年、奈良時代の都の「平城京」があったとされる奈良市で、道路建設工事現場で偶然に建物の跡が発見され、それが平城京のなかで天皇の住まいがあった「平城宮」の一部であることがわかりました。その結果、国が中心となってこの地域の発掘調査をおこなうようになりましたが、この時代はすでに文字で歴史として書きのこされている時代です。

　さらに、平城宮跡の発見とおなじころに広島県の福山市で芦田川の川底に鎌倉時代の町がそのまま残っていることがわかりました。これが「草戸千軒遺跡」で、発掘調査の結果いろいろなことがわかりました。そしてこののち、その後の江戸時代から明治・大正・昭和といった、現在にちかい時代のことも研究するようになったのです。

6

復元された草戸千軒遺跡の町並み

　このように、考古学が研究する時代はどんどん広がりましたが、研究する場所もどんどん広くなっています。ずっと以前、ヨーロッパで考古学の研究がはじまったころは、考古学者が主として研究したのは、ギリシアとかローマ、それからエジプトやメソポタミア（今のイラクやイランの地方）など古代文明が栄えたところでしたが、今では全世界、人間が住んでいた場所はどこでも研究されるようになっています。

　人間が月や火星にロケットを飛ばし、宇宙の未知の世界をつぎつぎと明らかにしていますが、考古学はコツコツと土を掘って、未知のむかしを明らかにしているのです。

お父さん、お母さんのページ（はじめに）

　考古学で取り扱う時代についてその特徴をみてみましょう。

　「石器時代」は、今から750万年以上前に地球上に人類が出現した頃から石を使って「道具」を作り、ナイフのようにものを切ったり、金槌のようにものを潰したりした時代です。

　「縄文時代」は、使用した土器の表面に「縄目の文様」が付けられていることから名前づけられた名称で、名づけ親は明治10年に日本にきて東京の大森貝塚を発掘調査したアメリカの生物学者エドワード・S・モースです。その後、日本各地で縄文土器が発見されました。縄文時代は約1万年続いたと考えられています。

　この時代は、野山で鹿やイノシシを弓矢などで狩り、海辺で貝やコンブなどの海草を、森でドングリやクリ、トチの実などを採り、海や川に丸木舟ででかけてサケ、マグロ、タイなどを捕りました。近年有名になった青森県の三内丸山遺跡の調査では、クリなどを計画的に植え秋に収穫する栽培を行っていたことが知られています。

　続く時代が「弥生時代」です。明治初期にそれまで知られていた土器とは異なる文様の土器が東京の文京区弥生町で発見されたことに由来して命名されたものです。稲作が大陸から伝来し、金属器も使われだす時代です。この時代の後半には邪馬台国に代表される国々が乱立します。

　その後ヤマト王権が強大となり、全国を統一するため前方後円墳と呼ばれる日本独特の形の墳墓を各地に造営した時代が「古墳時代」です。日本の国家統一と古墳造営がリンクしている点が注目されます。

　その後は、文献や記録が多数残っていることから「歴史時代」と呼ばれる時代です。古代とされる奈良時代や平安時代の研究にも、発掘調査を主体とする考古学研究の手法・成果が有効であることが、近年、確認されています。奈良市の長屋王邸宅遺跡の発見（第16話）は、その象徴的な発掘調査といえます。

そして、先に述べた草戸千軒遺跡の調査が契機となって、中世史や近世史の研究にも考古学の手法が積極的に採用されるようになりました。草戸千軒ではカジ屋、かわら屋、刀屋、八百屋、酒屋、米屋などの跡が見つかっています。また、中国で作られた貨幣が大量に発見されています。中国貨幣は鎌倉時代から日本で盛んに使われるようになったもので、現在のようにお金でものを売ったり買ったりするのはこの時代から始まったと言われていますが、そのことが証明されたのです。

　20年ほど前から東京の中心部で、古くなったビルを新しい高層ビルに建て直すことが盛んとなり、その建設工事にともなって地下にねむっている、江戸時代の大名屋敷や町人の家が発掘される例が増えました。新橋駅の周辺にも大きなビルが建てられましたが、これらのビルの下には汐留遺跡という、大名屋敷の跡を多く含む遺跡が見つかっています。この遺跡については第19・20話で述べていますが、わが国初の鉄道の出発駅だった汐留駅舎の建物やプラットホーム、転車台などが姿を見せてニュースとなりました。

　近年、明治時代の近代化産業遺産が「世界文化遺産」に登録されましたが、群馬県の富岡製糸場などは地上に見えていた建物が発掘調査によって全体が確認され、登録が可能となったのです（本書126頁）。また、広島の原爆ドームが世界遺産に登録されたこともあって、戦争遺跡の考古学研究も行われています。沖縄戦の陸軍病院壕跡、九州各地に残る旧軍飛行場の格納庫や掩体壕跡、北海道沿岸地域に残る高射砲陣地跡など国内のものばかりでなく、旧満州国とソ連の国境付近の日本軍要塞跡などでも調査が行われています。

第1話
今もナゾにみちた
エジプトのピラミッド

　エジプトの「ピラミッド」は世界文化遺産のなかでもっとも有名なもののひとつです。なかでも有名なのは四角い底辺の1辺が230m、高さが147m（40階のビルとほぼおなじ高さ）もある、ギザという場所にあるクフ王の墓で、1コが2.5トンある石を300万コもつみあげて作られています。底辺の4つの角は正確に東西南北をむいています。王様の墓とされるこのピラミッドのなかを調査してみると、どういうわけか、王様のひつぎがおかれた部屋はまだ見つかっていません。

　エジプトでは今から約6000年前にいくつかの小さな国があらわれ、それが合わさって約5000年前にエジプト王国になりました。その王国で60以上ものピラミッドが作られます。もっとも古いのが階段ピラミッドとよばれるもので、約4500年前に作られたと考えられています。そして、今から約4000年前

キザの大ピラミッドとスフィンクス

に、クフ王、カフラー王（ピラミッドは1辺215m、高さ143m）、メンカウラー王（同じく1辺108m、高さ66m）という3代の王の時代に、大きなピラミッドが作られました。

では、なぜこのようなピラミッドが作られたのでしょうか。

古代ギリシアの歴史学者ヘロドトスは古代エジプトの文明について「ナイル川のたまもの」と言いました。古代のエジプトでは毎年6～9月に雨が大量にふってナイル川が大洪水をおこしました。川の水面は10m以上も上昇しピラミッドのすぐそばまで水がせまったようですが、エジプトではこの洪水を予測するために天文学や太陽暦が発達したといいます。水があふれた地域には上流から流された栄養分をたくさん含んだ土がつもって、実り豊かな土地となりました。雨の時期がおわって畑をたがやした農民たちは多くの収穫を得ることができ、その結果エジプト文明が栄えることになったのだ、

(左がカフラー王、右がクフ王のピラミッド)

とヘロドトスは言ったのです。

　そのヘロドトスは、このピラミッドについて「10万人の奴隷を使い、20年間かけて作った」と言っていますが、以前はこの説が正しいだろうと考えられていました。

　ですが、1990年にアメリカ人の観光客がギザのピラミッドのそばで、乗っていた馬が地面につきでた石につまずいて倒れ、落馬するという事故がおこりました。その後その場所を調査した研究者が、そこはピラミッドを作ったと考えられる労働者たちのむらの跡であることを発見したのです。そのむらからは多くの人骨が発見され、なかには頭の骨に外科手術をした跡があるものや骨折を治療した跡のあるもの、またおなかに子供をもっている女の人もいました。さらにそれらの人骨は男性と女性が半々でした。もしこれらの人が奴隷だったとしたらこんな多くの女性はいなでしょうし、病気やケガをこのように治療することはなかったと思われます。そのうえ、細かい作業記録や毎日の出欠記録なども残っていました。

　この発見の結果、「古代エジプトの王は洪水で4ケ月間も農業ができなくなる期間、農民たちをピラミッドづくりの工事にやとい、食事や住居も与えていたのではないか」という説が発表されました。大ピラミッドのなかを調査しても埋葬された王様のひつぎが見つからないことから、以前から「ピラミッドは王様の墓ではないと」考える人たちがいましたが、その説が有力となったのです。この説だとクフ王の父親が5つもピラミッドを作ったことも説明できます。

　この説では古代エジプトの農民は自由に農業をおこない洪水の時期にはピラミッド建設で生活が保証されたことになります。それではいったい、なぜ大きなピラミッドを作ったのか。ナゾですね。

12

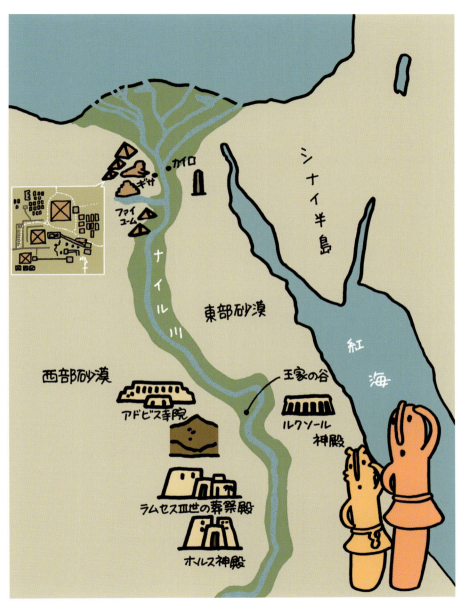

エジプトの遺跡地図

お父さん、お母さんのページ（第1話）

　エジプト人はナイル川の氾濫を正確に予測するために、普段から正確な天文観測を行い、太陽暦を作りました。また、氾濫が終わった後、水に浸かった土地の大きさを測量して元通りに分配するために数学や測量学、地質学も発達したと言います。四大文明は独特の「文字」をもっており、エジプト文明では神聖文字（ヒエログリフ）が知られていましたが、1789年にフランスのナポレオンのエジプト遠征時に発見されたロゼッタストーン（ロゼッタという場所で発見、高さ117cm、厚さ27cm）がフランスのシャンポリオンによって解読されたことで、この文字が読めるようになりました。この石には上から順に、「ヒエログリフ」「別のエジプト文字（デモティク）」「古代ギリシア文字」を用いておなじ内容の文章が記されてい

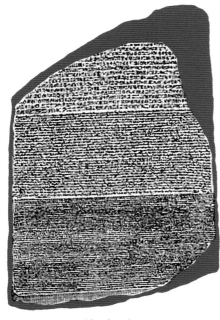

⇐ヒエログリフ

⇐デモティク

⇐古代ギリシア文字

ロゼッタストーン

ヒエログリフ（上）とデモティック（下）

たので解読できました。クフ王のピラミッドも、なかにヒエログリフで
「クフ」という表記があったためそれと判明したのです。

　ナポレオンがエジプトで部下たちに「4000年の歴史が諸君を見ている」
と言ったことは有名です。彼はエジプトの貴重な歴史的遺物を多数フラン
スに運びました。現在パリのコンコルド広場に立つ高さ20mのオベリス
クはその代表例です。ちなみにロゼッタストーンはその後戦利品としてイ
ギリスに没収され、いまでは大英博物館のエジプト室に展示されています。

　ピラミッドが本当に「王の墓」であったかどうかについては意見がわか
れますが、ギザより南のテーベには「王家の谷」と呼ばれる王の墓群が発
見されています。ほとんどが盗掘されており、遺物はほとんど残っていま
せんが、1922年イギリスの考古学者カーターらが未盗掘のツタンカーメ
ン王の墓を発掘しました。王のミイラに被せられていた黄金の仮面をはじ
め絢爛豪華な遺物が多数発見され大騒ぎとなりました。しかし、この発掘
調査に関係した人物がその後あいついで不思議な死をむかえたことで、王
の祟りではと言われて話題となりました。

　エジプトは近年政治状況が不安定なため、観光客の数も減少しているよ
うです。遺跡のそばで銃撃戦があり日本人観光客が犠牲となっていますが、
古代の重要な遺跡が大事に保護されるよう注目したいものです。

第 2 話
縄文土器は世界で
いちばん古い土器？

　1877 年（明治 10 年）に日本にやってきたアメリカの動物学者エドワード・モース博士は、それより 5 年ほど前に開通したばかりの汽車に乗って横浜から東京に向かう途中、汽車の窓から今の大森駅付近の崖の表面に貝殻（かいがら）がかたまって埋まっているのを見つけ、そこが「貝塚（かいづか）」であることを発見しました。貝塚というのは古い時代（縄文時代）に海の近くに住んでいた人びとが中味を食べた貝の殻や魚の骨などをまとまって捨てたとされる場所で、そこからは当時の暮らしのようすを知るさまざまな手がかりが発見されます。

大森貝塚遺跡庭園のなかにある 1929 年に立てられた記念碑

東京にきたモース博士は東京大学で教えることとなりましたが、まもなく学生たちをつれて大森貝塚の発掘調査に着手しました。博士は調査のあとでその報告書をまとめましたが、そのなかで貝塚で発掘した土器に「コードマークド・ポタリー」（縄目の文様のついた土器）と英語で名前をつけました。この英語が日本語に訳されて「縄文土器」と言われるようになったのです。

古い時期の縄文土器（習志野市出土）

さらにその後、おなじような文様の土器が日本全国で発見され、この土器が用いられた時代を「縄文時代」と呼ぶようになります。そして各地でおなじような縄目文様の土器がつぎつぎと見つかると、いったいこの土器は今から何年ぐらい前に使われていたのかという疑問がでてきました。

ところで日本には火山が多いので、土に含まれる火山灰の種類によってその土の年代がわかります。関東地方では縄文土器は関東ローム層という火山灰の層からでてきますが、このローム層は今から9000〜1万年前にできたとされていたので、縄文土器はそのころから使われていたと考えられるようになりました。

1959年、神奈川県の夏島貝塚という縄文時代でも古い時期の遺跡で発掘された木炭をアメリカに送り、当時開発された「C14放射

西アジアの古い土器

性炭素年代測定法」という方法でしらべたところ、なんと「今から9000年前」という数字がでたのです。これによれば縄文土器が使われるようになったのはそれまで考えられていたよりも1000〜1500年も古いことになります。それまでの研究では、世界でもっとも古い土器は文明の発祥地とされる西アジア地域で今から9000年前ころに発明されたと考えられていたので、縄文土器はそれと並ぶくらい古い土器ということになって研究者たちは驚きました。

　その後1990年代になって国立歴史民俗博物館がこの測定法を用いて全国各地で発掘された縄文土器をしらべたところ、青森県の大平山元遺跡で発見された土器は「今から1万6000年前」という驚くような古い年代のものになったのです。この数字がほんとうならば、これまでの説よりもさらに7000年も古くから日本で土器が使われていたことになります。これが縄文土器が世界一古いとされた理由です。しかし、その後ロシアのガーシカ遺跡や中国の仙人洞遺跡で今から1万6000年〜1万8000年前の土器が見つかったというので、もっと古い「世界でいちばん古い土器」がどこかで見つかるかもしれません。

18

お父さん、お母さんのページ（第2話）

　縄文時代には、貝塚に代表されるように円形で遺構を構築する傾向が縄文文化の特徴としてあげられています。その代表的遺構が環状列石（ストーンサークル）で、1931（昭和6）年に発見された秋田県の大湯遺跡は太平洋戦争後に本格的な調査が実施され、2つの環状列石遺構を中心に、方形配石、環状配石、土壙、方形の建物跡で構成されています。2重の環状の間に組石遺構があり、環状の中心とこの組石遺構を結ぶ線がほぼ夏至の日の入方向を示していることが確認され、縄文人が天文についてあるていど知識があったと考えられています。さらに、環状部の土壙内を土壌分析した結果、明確に人を埋葬した痕跡が判明したため、この遺構が縄文後期代の集団墓地であったことも確定しています。

　その一方で、千葉県の加曽利貝塚に代表される巨大な貝塚が環状になっていることは広く知られていましたが、2000（平成12）年に千葉県の三直貝塚遺跡や井野長割遺跡、埼玉県の馬場小室山遺跡などで環状の盛り土

大湯遺跡の環状列石（野中堂）

遺構が新たに注目されてきました。

そもそもこのような大規模な土木工事ともいうべき遺構が縄文時代に作られたことが注目されるようになったのは、石川県のチカモリ遺跡や真脇(まわき)遺跡で円形木柱遺構が相次いで発見されたためです。

1982（昭和57）年、石川県の真脇遺跡で縄文晩期の環状木柱列遺構が発見されました。直径約7.5mの円形状に8～10本のクリ木柱が線対称に配置され、出入り口部と思われるやや間隔の空いた箇所もありました。この真脇遺跡では縄文中期に属するイルカの骨が累々と層状になっている状況での発見もあり（第3話）、回遊魚であるイルカの習性を熟知したうえで、縄文人たちが海に出て大量のイルカを漁獲したものと考えられます。このような環状木柱列遺構はイルカ漁と関係の深い何らかの祭祀遺構ではないかという説もあります。この種の遺構が石川県のチカモリ遺跡で1980（昭和55）年に発見されたのを端緒に、北陸地方を中心に15遺跡以上で報告されているのです。

チカモリ遺跡公園に復元された円形木柱遺構（コンクリート製）

伊勢堂袋遺跡

　環状列石遺構で最近注目されたのが、1996（平成8）年に発見された秋田県の伊勢堂岱遺跡です。4基以上の大小の環状列石が検出され、1基の大きさは直径30〜45mで、その内外には100基を越える土坑が検出され、キノコ形土製品や鐸形土製品など特殊な祭祀に使用したと思われる遺物類が多数出土しました。そして、2003（平成15）年には北海道の鷲ノ木5遺跡でも火山灰に覆われた縄文後期の環状列石が発見されました。3重の環状が配列され、いちばん外側は直径約37mの規模でした。この遺跡でも土坑内からの遺物は少ないものの、伊勢堂岱遺跡で発見されたキノコ形土製品も出土している点が注目されます。さらに、南側に11m×9mの規模の竪穴内にいくつもの土抗が発見され、ここも集団墓と考えられています。

第 3 話
縄文人はなにを食べてた？

　縄文時代の人びとが貝を食べたあとの貝殻やその他の物を 1 カ所に埋めたと考えられるものが貝塚ですが、考古学ではこの貝塚を発掘して、当時の人たちの生活のようすをしらべます。

　千葉県（房総半島）には多くの貝塚が発見されています。最近の貝塚の発掘では、掘りだした土をすべて目の細かいザルに入れ、土を水であらい流して後に残ったものを調べます。こうすると、ザルのいちばん上には大きな石や土器のかけらや動物の骨が、いちばん下には小さな魚の骨や貝殻が残ります。この方法で、縄文人が陸から遠くはなれた海にでていってマダイ、カツオ、マグロ、さらにはイ

真脇遺跡で見つかったイルカの頭の骨

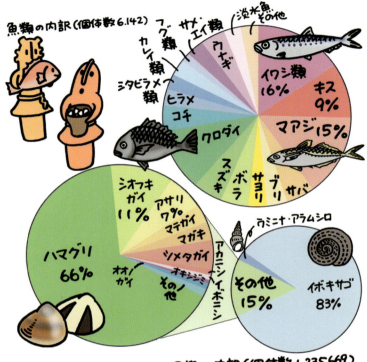

縄文人が食べていた魚や貝の割合

ルカやクジラなどの大きな魚もとっていたことがわかります。石川県の真脇遺跡では何10頭ものイルカの頭の骨が並べられて発見され、当時の人たちが大ぜいでイルカ漁にでかけていたことがわかりました。もちろん近くの海や川にすんでいる小型のフナ、アユ、ウナギ、コイなどもたくさん見つかっています。さらに、貝類もカキ、アサリ、ハマグリ、バイガイ、シジミガイなどいろいろな種類を、今とおなじように春から夏にかけての潮干狩りの時期に海辺でとっていたようです。

遺跡からは、このような漁業をするためのつり針、あみ、石のおもりなどもいっしょに発見されます。つり針には、今使われているつり針とおなじように魚の口から簡単にとれないような工夫をしていました。

　また、野山で狩猟(しゅりょう)した動物にはイノシシ、シカなどが発見されています。長野県や静岡県の山に近いところでは、縄文人が動物の歩くけもの道にあわせておとし穴を作り、穴の底には先のとがった竹ヤリのようなものを何本もさかさに立てて、穴におちた動物をつかまえていたことがわかっています。

　魚や動物とおなじく、秋から冬にかけて森のなかでとれるクリ、

三内丸山遺跡

ドングリ、トチなどの木の実類ももちろん大事な食料でした。青森県の三内丸山遺跡で発見されたいくつかのクリのDNAを調べたところ、どれもおなじ種類と判定されました。普通、自然に生えているクリはDNAがばら

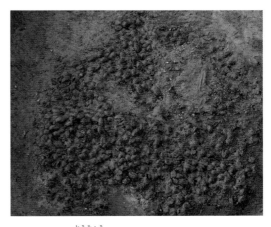

佐賀県の東名遺跡で見つかったドングリ

ばらなのですが、おなじ種類だということは縄文人がおなじクリをむらの周りに栽培していたことになります。ただ、木の実類の多くは食べるためには、「アクぬき」や「水さらし」をしないと、苦くて食べられません。埼玉県や栃木県の遺跡では、むらのそばを流れる小川で水さらしをしていた跡も見つかっています。古代の人は、毎日の食料を確保するために、いろいろな工夫と努力をしていたのです。

　縄文時代につづく弥生時代になると、アジア大陸から「米づくり」が伝わってきます。水田や用水路の跡、米を保管する床の高い倉庫の建物跡などが発見されているし、米を刈り取るときに鎌として使った「石ぼうちょう」と呼ばれる石器も水田跡から見つかっています。さらに、弥生土器にはモミの跡が表面に残っていることがしばしばありますが、たぶん土器をつくっているときに家の床にモミガラが落ちていたのでしょう。

お父さん、お母さんのページ（第3話）

　古代人の食料事情を調べる研究はかなり以前から行われています。なかでも貝塚調査においては、その出土品の詳細分析で、カロリー計算から1日の摂取量計算まで研究されています。また、調査後にも分析研究を進めるために貝層の一部をそのまま現地で保存しています。さらに現在では一部を切り取って保存する技術も発達しています。これを実施すれば貝層を年代順に見れることから、下層と上層での土器の違いがわかり、それぞれの時期で採取された貝類の違いもよくわかります。たとえば下層の縄文後期ではマガキやヤマトシジミ、ニナ類を多く採取していたのにたいし、上層の縄文晩期になるとハマグリなど二枚貝類が中心となっている状況が如実に知られます。

　最近では、この貝層剥ぎ取り展示をベースに遺跡の土層剥ぎ取りを実施し、博物館内に展示するケースが増加しています（千葉県の加曽利貝塚・堀の内貝塚、静岡県の蜆塚、愛知県の吉胡貝塚など）。

　一方、食料関係では興味深い発見もあります。大和王権の東北進出の拠

加曽利貝塚の貝層

秋田城鵜ノ木地区の古代水洗トイレ跡

点となった秋田城で、そのトイレ遺構の土壌分析を残留脂肪酸分析法で実施したところ、一方では男子中心の残滓、もう一方は女子中心の残滓、そして中央は男女混合の残滓の成分が分析されたのです。この時代から、トイレの分離化？が進んでいたのかもしれません。このようなトイレ考古学ともいえる、残留脂肪酸分析法を使ってのトイレ遺構の検出例が続出しています。1991（平成3）年に福岡県の鴻臚館遺跡で発見された土坑を脂肪酸分析したところ、ここがトイレ遺構であることが証明されましたが、この遺跡は平和台球場の取り壊し工事に伴っての発掘調査で、古代の迎賓館である鴻臚館の遺構が発見されてニュースになりました。

　1994（平成6）年に岡山県の南溝手遺跡で出土した縄文後期の土器内からは、イネのプラント・オパールが検出されました。プラント・オパールというのは、イネ科に特有のケイ酸ガラス質で、硬質であるため土壌内でも長く保存される性質とその形状に特徴がある物質です。イネはそもそも栽培植物であるため、生育段階で人工的な作業が必ず関わることになります。つまり、イネ科のプラント・オパールが検出されるということは、その地で水稲農耕が行われていた証拠となるのです。

第4話
日本人はどこから
やってきた？

　日本人はどこからやってきたのか、日本語はどこの言葉をもとにできたのか、という問題は古くから研究されてきました。

　日本には火山が多いため土の大部分に火山灰(かざんばい)がつもりました。そして火山灰は土を酸性(さんせい)にするため、日本では土に埋まった人間やその他の動物の骨は長いあいだにとけてなくなってしまいます。とけないで残るのは水がたくさんわいてくるような沼地(ぬまち)、低湿地(ていしっち)（低くてしめった土地）、旧河川地(きゅうかせんち)（むかし川だった土地）などです。前にのべた貝塚(かいづか)はアルカリ性なので骨などはとけないで残るのです。

　そこで、愛知県の吉胡貝塚(よしごかいづか)、岡山県の津雲貝塚(つくもかいづか)、あるいは貝塚がたくさん見つかっている千葉県などで大量の人骨(じんこつ)が発見され、縄文人の研究がすすみました。

　そうしたなかで、標高(ひょうこう)の高い山岳地でも大量の縄文(じょうもん)人骨が発見されたのです。1987年、長野オリンピックをおこなうために高速道路を建設していた長野県で、北村遺跡(きたむらいせき)から469の縄文時代のお墓に300人以上もの人骨が発見されました。見つかった人骨をよくしらべてみると、驚くべきことに虫歯になって歯のいたんだ人が1パーセントもなかったのです。これは、ここに住んでいた縄文人たちが動物の肉よりも山菜や木の実を多く食べていたためではないかと考えられています。そのほうが虫歯になりにくいからです。そして

彼らは今の日本人よりずっと四角ばった顔をしていたようです。

それでは、このような縄文人はどこからきたのでしょうか。2012年、沖縄県石垣島の白保竿根田原洞窟から約2万4000年前のものと考えられる人骨が発見されました。沖縄県では1970年ごろに港川人という約1万8000年前の人骨も発見されているので、最初にアジア大陸から日本にやってきた人びとはこの沖縄に上陸したのではないかと考えられています。

土井ケ浜遺跡の弥生人の墓地

　縄文時代につづく弥生時代の人たちの顔は縄文人ほどあごが四角ばってなく、もっと今の日本人に似ていたようです。山口県の土井ケ浜遺跡では弥生時代の人骨が300人以上も見つかっていますが、これらの人骨をしらべたところ、それまでに見つかった弥生人とはかなりことなることがわかりました。この遺跡は日本海に面した砂丘の上に残されたいくつものお墓の集まりで、いろいろなお墓が発見されています。

29

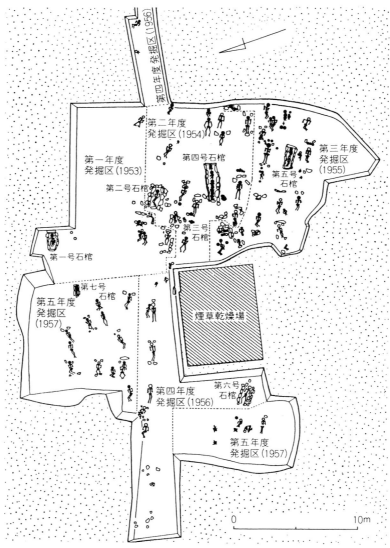

土井ケ浜遺跡の発掘のようす

これらの人骨を調査した結果、稲作（米づくり）という新しい農業の技術をもった人たちがアジア大陸からやってきて、それ以前に日本に住んでいた縄文人と混じりあったのではないかという考え方が出てきました。それまでは稲作の技術をもった人びと（弥生人）が以前から住んでいた縄文人を征服し、日本を占領したとする考えが有力だったのですが、それが大きくかわることになりました。その後、北九州地方で多く見られる「甕棺墓」から出土した多数の人骨を調査した結果、この説の正しさがあらためて確認されました。

　どうやら、わたしたち日本人の祖先はアジア大陸から２万年以上前に沖縄方面にやってきて、その後本土に住みついて縄文人となった。それが縄文時代の終わりころ弥生人が新たにアジア大陸からきて、すでに日本にいた縄文人と混ざりあい、それが今の日本人の先祖となって日本全土に広がったのではないかと考えられています。

吉野ケ里遺跡で見つかった甕棺墓

お父さん、お母さんのページ（第4話）

　現在では人類は750万年前にアフリカに登場したと言われています。その後、原人段階になって世界各地に拡散していき、アジア地域でもジャワ原人や北京原人が50万年前に現れたと考えられています。

　日本でも、古くから日本人の祖先探しの一環として、古い人骨を探す調査がさまざま実施されてきました。1931年、兵庫県明石の海岸で直良信夫氏が偶然古い人骨を発見し、明石人と命名しました。その後、栃木県葛生で葛生人が、静岡県と愛知県の県境の浜北で浜北人という20歳代の女性の頭骨と上腕骨が発見されました。また、愛知県で発見された牛川人は身長135cmほどの女性、静岡県で発見された三ケ日人は男女3体分で、1人は身長150cmの男性というように、古い化石人骨が続々と発見されました。

　そして、1960年代に沖縄県港川の石灰岩採掘現場で約1万8000年前とされる人骨が9体分発見され（うち2体分が全身）、港川人と名づけられました。港川人はその特徴

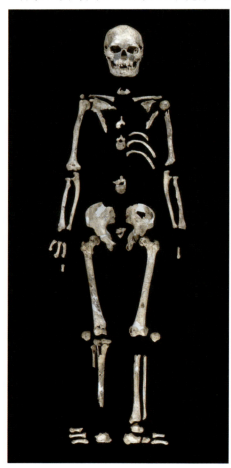

港川1号人骨

が中国大陸南方の柳江人(りゅうこうじん)と共通している点が多く、この柳江人がジャワ系の古い人骨とつながっていることから、ジャワ→中国華南→沖縄という人類の動きが推測されています。

このように、続々と古い人骨が発見されたのですが、これらの人骨を最新の科学分析にかけたところ、実はそれほど古くはないことが判明したのです。そのため現在では、本当に古い人骨は浜北人と港川人だけということになっています。

明石人骨の石膏模型

そのような従来説を否定する動きに反発し、明石人は本当に古いとして最初の発見者直良氏の関係者らがマスコミなどを動員して「明石人の再発掘」とする事業を1985年に実施しました。しかしながら、これといった成果はなく、古い時代のものかと思われる人工的な加工のある木片を発見しただけ、という結果に終わりました。

人骨研究は、最新の自然科学分析技術が進化しているため、かなり正確に年代測定が可能となっており、先の港川人のように他地域での人骨との系統を探求する分析もできるようになっています。同時に出土する旧石器の種類などと関連させながら、今後も各地で古い人骨調査が進むと思われます。そうしたことからも、2012年の白保竿根田原遺跡での発見は注目されています。

第5話
中国最初の皇帝
秦の始皇帝の巨大な墓

　ピラミッドとならんで世界文化遺産として有名なのが「万里の長城」です。この長城は人類が作った宇宙ステーションから見える、たったひとつのものだといわれます。全長は約2万2000kmもあり、日本列島の5倍もの長さになります。そのような万里の長城は長い時間をかけて作られましたが、はじめて作ったのは今から約2300年前に中国を統一した王である秦の始皇帝です。

　世界4大文明のひとつである中国古代文明は、今から3500年前に黄河という大きな川のそばにあらわれました。黄河は黄色の土を毎年西から下流にたくさん運びます。栄養分を多く含んだこの土はその土でおおわれた土地に農業を発達させたといわれます。

　1928年に偶然、殷墟遺跡が発

見されました。そこでは地下13mに東西が50m、南北が80mという大きな四角形の王の墓が見つかり、いろいろな青銅器も発見されました。その後このような地下の墓がさらにも10も見つかりました。また、亀の甲や動物の骨に線をきざみ、火であぶるとでてくるような「甲骨文字」とよばれる占いの文字も見つかっています。

　この時代の後、中国はいくつもの国にわかれて争う時代になりますが、紀元前221年に秦という国がそれらの国を統一します。秦の王は自分のことを「始皇帝（始めての皇帝）」とよんで強力な政治

発掘された秦の始皇帝の兵馬俑坑

甲骨文字の拓本
（墨で紙に写し取ったもの）

をおこないました。この始皇帝が残したのが大きな自分の墓（始皇帝陵）と北の方から攻めてくる敵を防ぐための万里の長城です。

　始皇帝陵は王が生きているときから作られはじめましたが、四角い底辺の1辺が350m、高さが76mもある大きなもので、エジプトのピラミッド、日本の大仙古墳（仁徳天皇陵とされている）とならんで世界三大墓といわれています。発掘はおこなわれていませんが、記録によれば全国から木材や石を運ばせ、地下のお墓の周辺は銅でかため、そのまわりを水銀をためた堀で囲んだようです。墓どろぼうを撃退する隠し弓矢もセットされ、王の死体を入れる巨大な棺のまわりには生きている時とおなじように土でつくった従者らの人形（人物俑）がおかれていたとあります。

　1974年、この墓の東で井戸を掘っていた農夫が偶然、地下5mのところで「兵馬俑」を見つけました。これは本物とおなじ大きさに土で作った兵隊や馬です。その後、発掘調査がおこなわれ、8000体のどれもまったく異なる顔をもった兵士俑と、戦車をひく馬俑が東京ドームとおなじくらいの大きさのあなのなかで見つかっています。始皇帝は自分の軍隊を土で作ってお墓のそばに埋めてい

たのです。

　1998年には近くの地下で武器を入れた倉庫が発見され、5000人以上の兵隊にきせるヨロイがでてきました。四角な石板を青銅(せいどう)のくさりで結びつけて作ったヨロイで、体の曲線に合わせて石の板をけずるなど、ていねいに作られていました。本物のヨロイは鉄や動物の皮で作りましたが、地下に埋めるとくさってしまうので、石で作ったようです。このように始皇帝は死後も強力な軍隊をしたがわせたかったのでしょう。

　始皇帝が作らせた万里の長城は今のものよりも北にあったようで、版築法(はんちくほう)とよばれる土を何回もつき固める方法でがんじょうに築かれていたことがわかります。これだけ強い力をもっていた始皇帝ですが、お墓や兵馬俑や長城の建設に農民たちをむりやり働かせたことから反乱がおこり、彼の死後すぐに秦はほろんでしまいます。

遠くから見た始皇帝陵

37

お父さん、お母さんのページ（第5話）

　秦の始皇帝は、紀元前221年に全国を統一して始めの皇帝という称号を名乗り、紀元前210年に49歳で亡くなるまで君臨した王です。皇帝を中心に中央集権の郡県制を敷き、貨幣・度量衡の統一、万里の長城、兵馬俑、皇帝墓など大土木工事を実施しました。しかし、これらの建設工事への何十万人という農民の動員や焚書坑儒に代表される思想弾圧などで民衆の不満が増大し、死後4年で秦は滅亡します。

　兵馬俑坑は現在では第3坑まで発見され、今でも発掘調査が継続されています。武器をもつ武士の俑、楽器をもつ楽士の俑、筆記具などをもつ文官の俑などさまざまな人物像が出土しています。毎日、世界中から多数の見学者がやってきますが、1974年3月29日に井戸を掘っていて最初にこの兵馬俑坑を発見した老農夫が、見学を終えた人びとに自分の著者を売っていたり、等身大の兵馬俑の模造品を土産に売っているのには苦笑させられます。この発見者の農夫は、発見時に地元の文化財局にそのことを報告したのですが、当局は無視したため2ケ月後に北京の新聞記者が報道し、それから大騒ぎになったというのも、いかにも中国的です。

　始皇帝墓は未発掘なので遺物類を見ることはできませんが、その山頂に立つと眼下に広がる平原と兵馬俑坑の建物群との距離を感じることができます。

　万里の長城は秦以前、戦国時代の各国が長城を建設していましたが、始皇帝も中華を統一後、北方の異民族に備えるため内側にある長城を取り壊し、北側にさらに長い長城を建設しました。かなり以前から漢民族にとって、匈奴に代表される北方異民族は大きな脅威だったのです。秦代の長城は版築工法という、板で囲った粘土質の土を上から強く築き固める方法で築いてあり、馬や人が乗り越えることができないことを主眼にしたもので、大部分はさほど高くない城壁（幅3〜5m、高さ約2m）だったと言われています。また明代に建築された現在の長城よりかなり北に築かれ

万里の長城

ており、その東端は山海関から朝鮮半島の一部にも及んでいたようです。

漢民族による統一国家である 14 世紀の明の時代に、第 3 代永楽帝が現在のような長城を建築しました。それほど北方のオイラート族やタタール族の脅威を恐れていたものと思われますが、その明も最終的には 1644 年、満州族の後金（のちの清）に攻め込まれて滅亡します。

なお、2009 年の中国国家文物局の発表によれば長城の総延長は 8,851km、さらに 2012 年には 21,196km、狼煙台も 5,723 ケ所と訂正されています。

第6話
銅鐸や銅剣は
何に使われた？

　弥生時代になると、アジア大陸から「青銅器」や「鉄器」などの金属器（金属でできた武器や道具）が日本にはいってきます。

　これらの金属器にはいろいろなものがありました。北九州では「甕棺墓」とよばれる墓のなかに銅鏡・銅剣・銅矛など青銅の金属器が埋葬された人といっしょに埋められていることが知られていま

荒神谷遺跡で見つかった358本の銅剣

荒神谷の銅剣（複製品）

す。福岡県の立岩遺跡では大きな甕棺墓のなかから青銅の鏡6枚、銅剣、銅矛がいっしょに発見されました。

　また、近畿地方では銅鐸が以前から知られており、兵庫県の桜ケ丘遺跡では14コもの銅鐸がていねいに穴におさめられているのが発見されました。こうしたことから、近畿地方を中心とする銅鐸をもっていた人びとと、北九州を中心とする銅矛や銅剣をもっていた人びとが対立していたと考えられたこともありました。

　ところが1984年、島根県の荒神谷遺跡で358本もの銅剣がまとまって埋められているのが発見されたのです。それらの銅剣は急な山の斜面に平らな場所をつくり、そこに4つのグループに分けてならべられていました。それまで日本全国で発見された銅剣は全部で約400本しかなかったのに、ひとつの遺跡からそれに近い数のものが発見されたのですから、みんなびっくりしました。

加茂岩倉遺跡で見つかった39コの銅鐸

　さらに、地中レーダー探査法を用いて近くの地中をしらべたところ、7mくらいはなれた場所で銅鐸6コと銅矛16本がおなじようにきちんとならべられているのが見つかったのです。

　島根県での発見はまだつづきました。それから12年後、荒神谷遺跡からわずか3kmしかはなれていない加茂岩倉遺跡で39コもの銅鐸が見つかったのです。ここでは、大きい銅鐸のなかに小さい銅鐸がはいった状態で発見されました。

　このように、銅鐸は人びとが生活する平地ではなく、山奥や人があまり行かないような場所で多く見つかります。なかには奈良県の大福遺跡のように、四角形の溝でかこまれた場所に人を埋める墓（方形周溝墓という）の溝のなかで見つかる場合もまれにあります。

　ところで、島根県での大発見の後、これらの青銅器を化学分析してしらべたところ、ほとんどが中国や朝鮮半島で産出する鉛を使っていたことがわかりました。つまり、何百kgもの鉛を原料の

まま、あるいは加工して日本に運んできたことになります。

　2007年にもまた大発見がありました。長野県の柳沢遺跡で銅戈8本と銅鐸5コがおなじところから見つかったのです。青銅器はこれまでおもに近畿地方から西の地域で見つかっていたのですが、それが長野県という東の地域で見つかったことはたいへんな発見なのです。発見されたおなじ場所ではシカを描いた弥生土器も発見されています。それまで動物を描いた弥生時代の土器は近畿地方を中心に多く発見されていましたが、おなじようなものが発見された柳沢遺跡に住んでいた人びとは、このころ西の地域の人たちと交流していたのではないかと考えられるようになりました。弥生人にとって、当時としては最新のハイテク技術で作られた金属器をもつことは、生活するうえでとても重要なことだったのでしょう。

銅矛（検見谷遺跡）

銅戈（柳沢遺跡）

お父さん、お母さんのページ（第6話）

　古くは弥生時代金属器の研究は「銅鐸」と「銅鏡」が主力でした。1944（昭和19）年に発見された福岡県の桜馬場遺跡では、1基の甕棺墓から中国の後漢鏡2面、銅釧26個、巴形銅器3口、ガラス小玉1個、鉄刀破片1個が一緒に出土しています。当時は、戦時中でもあったためまともな調査が実施されませんでしたが、北九州地域ではこのような大量の金属器を伴う甕棺墓遺跡の例がよく知られていました。

　このように出土する銅鏡が中国の前漢・後漢時代の鏡であることが、弥生時代が前漢（紀元前202～紀元後8）、後漢（紀元後25～220年代）時代間に収まる根拠とされていました。

　ところで、1912（大正元）年、富岡謙蔵氏が三角縁神獣鏡は魏晋鏡だと提唱して以来、この独特な三角縁鏡群が注目され、第8話でも述べるように、小林行雄氏が一連の「三角縁神獣鏡研究」を発表します。この研究では、三角縁神獣鏡は卑弥呼から倭国に下賜された鏡と考え、この鏡が続くヤマト王権に引き継がれ、その支配過程で服従した各地の首長層にヤマト王から下賜されたとする分配論が述べられています。

　しかし、その一方で、三角縁神獣鏡が本当に卑弥呼に下賜された鏡かという点や、どういうわけか中国本土でこの鏡が一面も発見されないことから、三角縁神獣鏡の本当の製作地はどこか？　という問題、そして邪馬台国が大和にあったとするならばなぜ三角縁神獣鏡が大和内部地域では出土しないのか？　といった疑問や異議が邪馬台国反大和説グループを中心に出されてきたのです。

　邪馬台国を九州と考える研究者は、下賜された鏡について北九州などで発見される小型の前漢鏡・後漢鏡類をその候補に想定しています。一方、大和説をとる研究者のなかには、この鏡は中国王朝が海外朝貢国に特別下賜するための鏡として特鋳したもので、全て他国の使者に配布してしまったため中国本土で未発見なのだという説を唱える人もあります。

44

天理市の黒塚古墳で発見された大量の三角縁神獣鏡

　そのような折、1986（昭和61）年、京都府の広峯15号古墳から「景初四年」銘鏡が出土しました。実は、魏の元号である「景初」は三年で終わり、翌年は「正始」と改元されているため、四年は存在しないのです。つまり、この鏡の製作者は魏の改元を知らないか、改元が知らされない場所にいた可能性がでてきたのです。

　大和の内部で未発見という点では、1998（平成10）年に天理市の黒塚古墳から33面、2000（平成12）年に御所市鴨都波1号墳から4面発見され、大和盆地中央部にもかなりの三角縁神獣鏡が存在していることが確認されています。

　三角縁神獣鏡に関しては、2010（平成22）年に埼玉県でも初めて発見されて全国で560面近く発見されたことになり、関東地方でも埼玉県のほか、群馬県で13面、神奈川県と千葉県で各2面、茨城県で1面の発見となっています。

第7話
弥生時代の
いろいろな墓

　弥生時代にはアジア大陸から伝わった米づくりがはじまり、各地に小さなクニができてきます。そして、これらのクニがそれぞれ勢力を広げようとして、クニとクニのあいだで戦いがおこります。そのように、各地にいろいろなクニがあったため、墓にも大きなちがいがあることが知られています。

　九州地方では「甕棺墓」が作られました。大きな2つの甕の口と口を合わせてお棺にし（甕棺という）、そのなかに死者を入れて土に埋めた墓です。また石を机のように組み合わせて作った「支石墓」という朝鮮半島から伝わってきた墓が、1950年ころ佐賀県や長崎県で見つかりましたが、その墓のなかには甕棺がおかれていました。

甕棺（金隈遺跡）

　これらの甕棺のなかから、中国からもってきた銅鏡や日本で作られた銅剣が玉や土器などといっしょに見つかるのですが、これによって

46

支石墓（久保泉丸山遺跡）

弥生時代には身分の差があったことがわかります。

　いっぽう、東日本では死んだ人の骨を一度土のなかにいれて、もう一度掘りだして埋めなおす「再葬墓」といわれる墓が見つかります。この墓は福島県の墓料遺跡、茨城県の女方遺跡、千葉県の天神前遺跡などかぎられた地方にみられるものです。

　1964 年、東京都八王子市の宇津木向原遺跡で「方形周溝墓」が発見されました（方形周溝墓は第 6 話でも登場しました）。その後、方形周溝墓は全国各地で見つかり、今では弥生時代のもっともふつうの墓ということになりました。この方形周溝墓は次の古墳時代に大きな前方後円墳が作られるようになってからも、地方によってはまだ作りつづけられます。

　1979 年には岡山県の楯築遺跡で「弥生墳丘墓」とよばれる新しい形の墓が見つかりました。それまで弥生時代の墓は共同墓地として作られ、そのなかにとくべつな墓があっても形には大きなちがいがない、と考えられていました。しかしこの墓の発見によって、そ

うではないことがわかったのです。というのは、この弥生墳丘墓は古墳のように高く土をもりあげて作るもので、古墳と似た感じの墓なのです。

　弥生墳丘墓は各地で見つかりました。佐賀県の吉野ケ里遺跡でも多くの甕棺墓といっしょに墳丘墓が２つ見つかりました。それらの墳丘墓のなかには甕棺があり、そのひとつからは日本では２本しか見つかっていない把頭飾付有柄銅剣とガラスでつくった管玉が何十コも発見されたのです。

　それより以前から、島根県では「四隅突出型墳丘墓」とよばれる墳丘墓が知られていました。この墓は上からみると四角形の４つの角がヒトデのようにとびだした形をしています。この四隅突出型

吉野ケ里遺跡で見つかった巨大な弥生墳丘墓

墳丘墓は、その後の調査によって、島根県のほか、鳥取県、福井県、富山県という日本海に面した県だけに広がっていることがわかりました。

1995年から発掘調査がはじまった鳥取県の妻木晩田遺跡では、30以上の四隅突出墳丘墓が見つかって

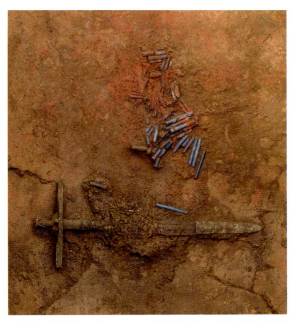

吉野ヶ里遺跡で見つかった把頭飾付有柄銅剣と管玉

います。それまで四隅突出型墳丘墓はひとつの遺跡で1コか、多くても2～3コ見つかるのがふつうでしたが、このようにひとつの遺跡で何十コも見つかったのはじめてです。

さらに、日本海側では四隅突出型ではない弥生墳丘墓も多く発見されています。京都府の赤坂今井墳丘墓は全長が37.5mもある長方形で、遺体を埋めた場所からはガラス製の勾玉30コ以上、管玉180コが、鉄剣などいっしょに発見されました。おなじく京都府の日吉ヶ丘遺跡で見つかった全長が23mもある長方形の弥生墳丘墓では、460コ以上もの管玉が見つかっています。

このように、弥生時代の墓は地方によってそれぞれちがう形をしているのです。

お父さん、お母さんのページ（第7話）

　弥生時代の代表的な遺跡といえば静岡県の登呂遺跡でしょう。

　登呂遺跡の発見は、太平洋戦争末期の1943（昭和18）年7月、この場所に本土決戦に備えて軍用機工場を建設しようとしたところ、大量の弥生土器や木器、丸木舟が出土したことがきっかけです。大東亜戦争の決戦というまさに非常時にもかかわらず、なぜか発掘調査が、ごく短期間のものではあれ一応実施されたのです。このささやかな発掘調査が貴重な遺跡を後世に残す契機になったことに、なにか不思議な気もします。

　まもなく戦争が終わり、戦地に行っていた多くの若手考古学研究者が帰国しました。戦前の皇国史観では、神武天皇が紀元前660年に即位してから現在まで万世一系の天皇が日本を治めていた、としていました。そのような神話史観から新しい科学的な考古学を目ざそうと考えた若手研究者たちは、その具体的な証拠を示す象徴的遺跡として、この登呂遺跡の発掘調査に燃えました。全国の研究者全員参加方式で本格的な調査を実施しようと呼びかけました。

　1947（昭和22）年に現地の研究者を中心に調査が開始されることとなりました。それに先だって、国に予算を捻出させるためにはその受け入れ

登呂遺跡の復元建物群

団体たる全国的な学会の設立が必要との文部省のアドバイスがあり、在京の研究者を中心に討議した結果、日本考古学協会の設立となります。1948（昭和23）年4月、東京国立博物館小講堂で日本考古学協会の第1回総会が開催され、設立正会員81名、会友5名、委員長は藤田亮策氏という内容で協会が発足しました。この総会の最優先の議題は、言うまでもなく登呂遺跡調査特別委員会の設置でした。

このようにして始まった登呂遺跡の調査では、竪穴住居跡12棟、高床倉庫跡2棟、それに約10万平方メートルの水田跡が発見されました。調査の成果はなんと言っても、水田と居住域が一体となった典型的な弥生集落が発見されたことにあります。このため、その後、弥生時代の集落というと典型的な例が登呂遺跡と考えられるようになり、1980年代まではどの教科書にも必ず登呂遺跡が登場し、弥生時代の典型的なムラの姿として多くの人にその名前が知られることになりました。

その後、同遺跡では1965（昭和40）年、遺跡の敷地内を東名高速自動車道が通過する計画をめぐって全国的な遺跡保存運動が起こり、保存運動のおかげで計画は橋げた高架方式に変更されました。現在では新博物館も開館し、整備された登呂遺跡を見ることができます。

登呂遺跡で発掘された田圃の遺構

第 8 話
日本で最初のクニ
「邪馬台国」はどんなクニ？

　今から 2000 年くらい前の中国の歴史書には、当時「倭」とよばれていた日本について、いろいろな記録が残されています。

　紀元前 1 世紀（今から約 2100 年前）ごろの記録には、倭は百以上の国にわかれていて、その内のひとつが中国の王のところに使者を送っていた、と書かれています。

　また、紀元後 1 世紀には中国の王から倭の国王に「金印」が贈られたと書かれていますが、この金印と思われるものが江戸時代に福岡県の志賀島で発見されています。四角い印の一辺が 2.3cm という小さなものです。

　そして紀元後 2 世紀には、倭国が乱れて大いに戦争をしていると書かれています。事実、そのような戦争の跡がいくつか発掘されています。

　兵庫県の会下山遺跡や、香川県の紫雲出山遺跡などには、瀬戸内海を見下ろすけわしい山の頂上に弥生時代の集落が作られ、弓の矢じりに使う石や金属の矢じりが多数発見されています。

　島根県の田和山遺跡では、急な山の上に何重もの堀（「環濠」という）がめぐらされ、その頂上ではこぶしくらいの大きさの石が何千コも発見されました。たぶん山頂にあるムラに攻めてくる敵にたいして、山頂から投げ下ろすために使われた石だったと思われます。

田和山遺跡

　愛知県の朝日遺跡では、何重もの「環濠」がムラの周囲をめぐっているのが発見されましたが、その環濠の内からは敵の侵入を防ぐために木や竹の先を斜めに切ってさかさに埋める「逆茂木」と呼ばれるものが大量に発見されました。

　このように、この時代は日本中で各地に戦争がおこっていたことが発掘によって証明されています。

　3世紀になると、中国では魏・呉・蜀という三国が国土を分割する時代になります。そのうちの「魏」と当時の日本にあった「邪馬台国」のあいだで交流のあったことが記録に残っています。そのことを書いてある『魏志倭人伝』には、邪馬台国の位置、人びとのくらし、都のようす、女王「卑弥呼」の日常生活、卑弥呼の魏への使者の派遣などが記事になっています。なかでも魏からの使者が朝鮮半島を通って日本に渡ってくるルートが詳しく書かれている

53

吉野ケ里遺跡

ことから、邪馬台国がどこにあったかが、江戸時代から大きな問題となっていました。

　邪馬台国のあった場所については「九州説」と「近畿説」が古くから有力とされています。九州には、前にものべた吉野ヶ里遺跡という何重もの環濠で囲まれた約50万平方メートル（東京ドーム11コ分の広さ）の遺跡が発見されています。この遺跡では、2つの墳丘墓、宮殿だったと思われるいくつかの「高床建物」（床が地面より高い建物）、3000を超える甕棺墓の集まりなど、日本でもっとも

大きな弥生時代の集落の跡が発見されています。しかしこの遺跡がもっとも繁栄していた時期は邪馬台国のあったとされる時期より100年くらい古く、それが問題です。

　近畿には奈良県の纒向遺跡が注目されます。ここには、古くから卑弥呼の墓ではないか考えられている箸墓古墳という大きな前方後円墳があります。そのうえ、最近の発掘調査で中国地方、北陸地方、関東地方などで作られた土器が数多く発掘され、各地方の人びとがここにやって来ていたことがうかがわれます。また、この遺跡には何本もの運河が発見されており、地方の人たちが舟を使っていろいろな品を運んできたことを物語っています。そして、最近の調査では卑弥呼の宮殿にあたるような巨大な建物が発掘されました。

　邪馬台国問題はまだまだナゾです。

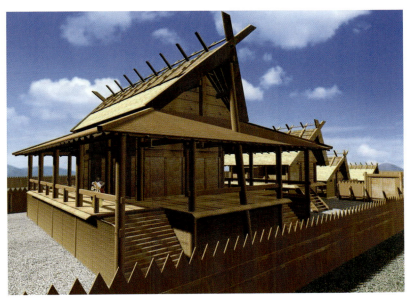

纒向遺跡の巨大建物群の想像復元図

55

お父さん、お母さんのページ（第8話）

　考古学的に邪馬台国問題解決のポイントをまとめると、①邪馬台国の所在地としては『魏志倭人伝』の記事にある大楼閣・城柵・大宮殿などの遺構を伴う遺跡が発見されること、②同書にある3世紀中葉（248年か249年）に没した卑弥呼の墓に規模や内容で合致する墳墓遺跡が発見されること、③卑弥呼の時代をはじめ邪馬台国からは総計5回使者が派遣され、その度ごとに中国（魏王朝）から下賜された鉄剣、鉄刀、また毎回百枚も渡されたという鏡の存在、があります。

　①に関しては、1986（昭和61）年から始まった発掘調査で一躍有名となった佐賀県の吉野ヶ里遺跡が、邪馬台国九州説の有力な論拠となっています。この遺跡は弥生時代の前期から後期まで間断なく継続された集落遺跡で、わが国初となる巨大な弥生中期の墳丘墓2基とその主体部から発見された豊富な副葬品、周辺に広がる何千という甕棺墓群、物見櫓が併設された何重もの環濠で囲まれた大集落群とその中央に建設されていた王族用の楼閣建物群など、従来では予想できなかった大遺構です。

　一方、邪馬台国大和説では奈良県纒向遺跡群が①に想定される邪馬台国時代の大環濠集落として注目されています。古くから卑弥呼の墓と提唱されている箸墓古墳を含むゾーンの遺跡で、2000年代に入ってからの発掘調査で、巨大な神殿跡となる超大型高床式建物が発見されました。

　②に関して、卑弥呼は248年か249年頃に死んだと記されています。『倭人伝』には「径百余歩の盛土をもった墳墓」（歩は魏の単位で1.1〜1.4m）を造営した記事があり、纒向遺跡群中に発見された墳墓群が古くから注目されていました。この遺跡群中には箸墓古墳がありますが、全長約290mなので『倭人伝』の記事とは少しズレています。しかし、周辺で調査されている勝山古墳、東田大塚古墳、ホケノ山古墳、矢塚古墳、纒向石塚古墳などは全長が90〜110mで、現在までに判明している年代観も3世紀中葉なので、卑弥呼の墓の条件にはズバリ合致します。

56

最後の③については第6話のところでも述べましたが、小林行雄氏の「三角縁神獣鏡研究」は三角縁神獣鏡を卑弥呼ら倭国に下賜された鏡と考え、この鏡が続くヤマト王権に引き継がれ、その支配過程で隷属した各地の首長層にヤマト王から下賜されたとしています。この過程で三角縁神獣鏡はおなじ鋳型からさらに何枚も同型鏡が製作されたため、発掘された鏡には多くの兄弟鏡が存在していることがわかりました。

　一方、邪馬台国九州説の研究者は三角縁神獣鏡が卑弥呼に下賜された鏡であることに疑問を呈し、三角縁神獣鏡の製作地がどこかを問題とし、さらに邪馬台国が大和にあったとするならば三角縁神獣鏡が大和内部地域では出土しないのはおかしいといった問題点を指摘しました。九州説の研究者は、卑弥呼に下賜された鏡は北九州などで発見される小型の前漢鏡・後漢鏡類であろうとも言い、一方大和説の研究者がこの鏡は中国王朝が海外の朝貢国への特別下賜専用特鋳鏡として作ったものなので中国では発見されないのだ、と反論するなどについては第6話で述べたとおりです。

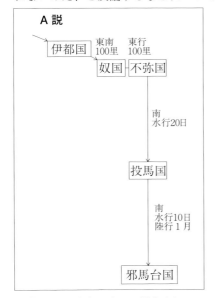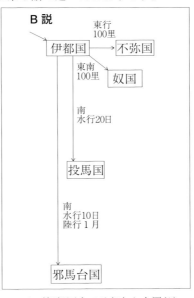

「魏志倭人伝」記事から推定される2つのルート（伊都国まではどちらも同じ）

第9話
アジアの原人は日本人の祖先？

人類の先祖はどこで誕生し、その後どのように発達していったのかという問題は古くからナゾでした。今では約750万年前にアフリカ大陸でサルの先祖からわかれた「猿人」とよばれる人類がでてきたと考えられています。この人たちは、脳の大きさが今の人類の約3分の1くらいだったようです。

その後「原人」とよばれる人類や「旧人」（ネアンデルタール人）とよばれる人類がでてきましたが、彼らが今の人類の直接の先祖なのかどうかは不明です。

その原人として有名なのが、19世紀にインドネシアのジャワ島で発見された「ジャワ原人」です。当時ここはオランダの植民地

北京原人の復元模型

だったので、発見したオランダ人のデュポアも医師としてここにきて頭骨などの化石を発掘し「ジャワ原人 ピテカントロプス・エレクトス」と名づけました。この発見ははじめは信用されませんでしたが、20世紀になって「北京原人」が発見されたことで、この骨の化石も古い人類のものであることが認められました。

北京原人の骨が見つかった周口店

　その後20世紀の後半にもこの人骨の化石が発見されましたが、1971年に顔の大部分が残った頭の骨が見つかり、ジャワ原人のすがたがはっきりしたのです。

　北京原人は、中国の首都北京から約50kmはなれた周口店という森林で20世紀はじめに発見されました。このあたりは中国人にとっては薬となる竜骨とよばれる化石がたくさん見つかるところとして有名でしたが、当時中国にいたスウェーデンの考古学者アンデルセンやズダンスキーがこのあたりを発掘して見つけたのです。その後、中国人の斐文中ら研究者も参加して本格的な調査がおこな

われ、40 人以上の人骨の化石が発見されました。この化石人骨は「北京原人　ホモ・エレクトス・ペキネンシス」とよばれ、今から 60〜70 万年前に生きていたと考えられています。

　ところが、1931 年に日中戦争がはじまると、発掘された大切な人骨の化石が壊されるおそれがでてきたので、アメリカに送ることになりました。しかしその人骨が途中でなくなってしまったのです。アメリカに渡る途中で捨てられたとか、アメリカには着いたけれどもどこかにかくされているとか、日本人のだれかが日本にもってかえったとか、中国がひそかにかくしている、などいろいろなことが言われています。しかし、アメリカに送る前に中国でまったくおなじ形の模型が作られていたので、研究をつづけることはできました。

　数年前にオーストラリアである女性が「これがなくなった北京原人の骨」だといって発表し、世界中がおどろきましたが、よく調べてみるとニセものでした。このように、まだ北京原人のナゾは残っているのです。

　周口店の遺跡からは、焼けた人骨や動物骨の化石がたくさん発掘されたので、はじめは「食人の風習」があったのではないかと考える人もいましたが、今は否定されています。その後も数多くの人骨化石がこの周口店で発見されていますが、今ここには博物館もあって、人骨が発見された場所ごとに「ここの人骨は何年の発見」というプレートがつけられています。むかしは北京原人が日本人を含むアジア人の直接の先祖ではないかと考えられていましたが、最近の研究でその考えは否定され、北京原人は絶滅した古い人類だったことになっています。

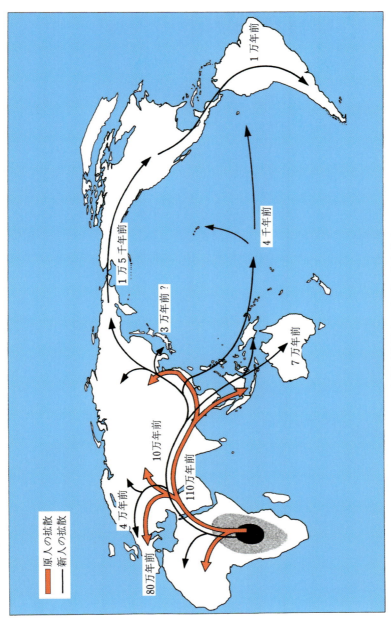

人類が世界中に広がったようす

お父さん、お母さんのページ（第9話）

　かつての人類発達の流れは、アフリカで誕生した「猿人」が発達してジャワや北京で発見された「原人」になり、つづいてネアンデルタール人に代表される「旧人」へとすすみ、そして現代人とおなじ「現世人類」となる「新人」段階へと進化したと考えられていました。そして、先にも触れたように「北京原人」がアジア系人種の祖に、「ジャワ原人」がオーストラリア系人種の祖に、そしてネアンデルタール人がフランスで発見された「クロマニヨン人」へと続き、ヨーロッパ系人種の祖になっていったと想定されたのです。しかし、最近の「DNA分析法」などから、このような直列的な人類発達史は否定され、現代人は「猿人」段階から徐々に進化してきたと考えられています。「原人」「旧人」段階の人種はどういうわけか途中で絶滅したようです。

　ネアンデルタール人は、ドイツのネアンデルタールの森で偶然発見された人骨で、脳頭骨は小さく、脳容量も900ccと現代人の約3分の2くらいです。このネアンデルタール人が埋葬されたイラクの遺跡で、花粉が大量

イギリスのストーンヘンジ

に発掘されたことから、この人種はすでに埋葬時に花をたむける思想があったと指摘されたのですが、最近の研究では、この遺跡の周辺はかなり花が多い地域であったため、花粉が偶然紛れ込んだのではないかと再検討されています。クロマニョン人はフランス南部のクロマニョン村で偶然発見された人種で、それまでの「旧人」段階とは明らかに異なる脳容量をもつ人骨だったので注目されました。現在、最初の発見地にはホテルが建っています。

　次の新人段階になると、フランスのラスコー洞窟やスペインのアルタミラ洞窟で野牛や馬、羊、鹿、人物などが原色で描かれた絵画が見つかっています。また、イギリスではストーンサークルやストーンヘンジなど巨石を用いたさまざまな祭祀遺構も発掘されています。新人が現代人とおなじような、祭祀、思想、技術を保有していたことがわかってきています。

　人類の発達を知るためには、発掘された化石人骨の頭骨から「脳容量」を推測するのが最も確実と考えられています。これまでの研究では、猿人約400〜550cc、原人で750〜1250cc、旧人で1100〜1750cc、そして現世人類が1200〜1700ccとされています。脳容量が多くなるほど知能の発達が進み、北京原人の遺跡で火を使った痕跡や石器を製作した跡が発見されていることも、この推測を裏づけるものとなっています。

第 10 話
古墳って
なんなの？

　古墳時代とは、土を盛り上げた大きな墓（「古墳」という）が日本の各地に造られた時代です。古墳にはいろいろな形がありますが、「前方後円墳」という独特な形をしたものがもっともよく知られています。

もっとも大きな古墳の大仙古墳（仁徳天皇の墓とされている）

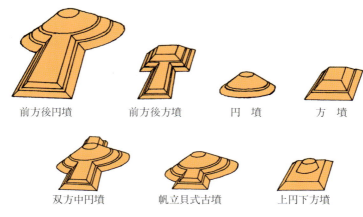

さまざまな形の古墳

　今の奈良県や大阪府には特に大きな古墳がいくつもありますが、なかでももっとも大きな古墳は大阪府にある大仙古墳（仁徳天皇の墓である仁徳天皇陵とされています）で、古墳そのものの全長が512mもある前方後円墳で、その周りを3重の堀が取りかこんでいます。5世紀のはじめにつくられたと考えられ、面積では世界最大の墓といえます。

　古墳には前方後円墳のほかに前方後方墳・円墳・方墳・双方中円墳・帆立貝式古墳・上円下方墳などがあり、それぞれの形は上に図で示したとおりです。

　現在のところもっとも古いと考えられている古墳は、奈良県の箸墓古墳で、全長は290mもあり、3世紀の中頃に作られたとされています。この古墳は歴史書には「倭迹迹日百襲姫（応神天皇の妹）陵」と書かれている墓で、作られた年代が中国の歴史書に書かれている卑弥呼の死んだ時期とほぼ合っています。

　大きな古墳が各地に作られた時期と、ヤマト政権が大和（今の奈

八角形墳の牽牛子塚古墳

良県）に都を作って大きな力をもつようになった時期はちょうど重なります。そこで、ヤマト政権が独特の形をした前方後円墳を自分の勢力を拡大していった地域に、つぎつぎに作っていったのではないかと考えられています。

　東京都の熊野神社古墳は7世紀の中頃に作られた上円下方墳で、四角い底辺の一辺が約32m、高さが5mです。福島県の野地久保古墳も東北地方ではじめて作られた上円下方墳で、上にのる円形の直径が約10m、下の一辺の長さが約16mです。この「上円下方」という墓の形は古代にはとても少なく、位が特別に高い人だけを埋葬した古墳だと考えられます。

　また、おなじように、特別な形の古墳として注目されているのが「八角形墳」で、全国に15しか見つかっていません。その古墳のひとつが7世紀の後半に作られた奈良県の牽牛子塚古墳で、三段以上

も壇が重なっていますが、そうした豪華な作りかたから、661年に死んだ斉明天皇の墓ではないかと考えられています。

　古墳のなかから発見されるもの（副葬品といいます）には「歴史を塗り替える」ような大発見もあります。たとえば埼玉県行田市にある稲荷山古墳（全長120m）で発見された鉄剣のうちの1本をレントゲン検査したところ、金象嵌（金錯ともいい、彫ったところに金を埋めこんで文字や文様をはっきりと見せる方法）された115の文字が発見されました。出てきた文章のなかにある「ワカタケル大王」「辛亥年」などの文字が、『古事記』や『日本書紀』に書かれたことと合っているため、いちやく研究者やマスコミにとりあげられて大きな反響をよびました。

　このワカタケル大王とは雄略天皇のことだと考えられ、中国の歴史書に登場する「倭の五王」の一人である「倭王武」にあたる人物とされています。しかも「辛亥年」が471年のことだとすれば、5世紀にはヤマト政権の勢力が今の関東地方にまで広がっていたことになります。まさに歴史を塗り替える大発見となったのです。

稲荷山の鉄剣

お父さん、お母さんのページ（第10話）

　3世紀に築造の始まった古墳は、最終的にはどうなっていったのでしょうか。

　現在までの研究では、古墳時代の変遷は3世紀〜4世紀にあたる前期は畿内を中心に竪穴式石室や粘土郭をもつ前方後円墳が、円筒形埴輪類や宝器的・呪術的遺物（鏡、玉、鉄製農工具類）を伴って出現し、5世紀になると大型古墳が全国的に拡大し、竪穴式石室も巨大化していったと考えられています。河内平野に築造され、現在、世界遺産への登録が進められている超大型前方後円墳である誉田御 廟 山古墳（伝応神天皇 陵 ）、大仙古墳（伝仁徳天皇陵）もこの時期の所産です。出土する副葬品にも、馬冑・甲冑・冠などの金属製馬具類など大陸系渡来系の遺物類が大量に発見されています。

　続く6世紀代になると大きく変貌します。前方後円墳の規模も縮小化し、小円墳を集中して築造する群集墳や、崖部に集中して掘削される横穴墓が造られます。副葬品の内容は、豪華さはなくなり、日常的な生活用具類が量的にも減少してきます。そして、7世紀代に入ると大化の改新に伴う「薄葬令」が発布され、限定された階層者以外の造墓が禁止されることから墳墓規模も縮小されます。奈良県の高松塚古墳がこの時期の代表例で、かなり小型の古墳となります。

　700年、僧道昭が亡くなり遺言で「火葬」に処せられました。その後、貴族社会を中心に火葬が一般的になるのと並行して、大きな造墓活動が徐々に減少していくことが、古墳の終焉につながると考えられています。その後は大型古墳造営の力が徐々に造寺事業に変化していったという考えも示されています。

　そのようななか、高松塚古墳やキトラ古墳が注目されて以降、それまで使われていた晩期古墳とか飛鳥時代古墳という呼称が「終末期古墳」に変更されていく流れがあります。

現在の高松塚古墳（小型の円墳）

　現在では終末期古墳には、前半期に位置するものとしては先述の2古墳に加えて出口山古墳、石のカラト古墳、松山古墳、マルコ山古墳などが挙げられています。これらのなかには、「八角形古墳」と呼ばれる特殊な形状をもつ天武陵、中尾山古墳、束明神古墳なども含まれます。中尾山古墳は直径29.4m、主体部は組み合わせ式の横口式石郭で、火葬墓と考えられています。

　いずれにせよ、古墳造営から大寺院造営への変化と、厚葬から薄葬、そして火葬風習の定着が古墳の終焉になっていったようです。

第11話
古墳の周りに
なぜハニワを置いた？

　古墳の上や周りには「ハニワ」（埴輪）と呼ばれる土で作ったものがよく置かれています。全国にある古墳公園にいくと、古墳の周囲に復元されたハニワが何百コも置かれているのを目にすることができます。
　奈良県の巣山古墳（4〜5世紀の前方後円墳、全長204m）から水鳥形や家形のハニワ34点が発見されましたが、大王の墓と思われる大きな古墳でこうしたハニワが発見されたのは初めてです。三

宝塚古墳で見つかった舟形ハニワ

復元された森将軍塚古墳

重県の宝塚古墳(前方後円墳、全長111m)でも長さが1.4mもある舟形のハニワが、水鳥形、家形、人物形などのハニワといっしょに発見されました。舟形のハニワでこれほど多くの飾りをつけた豪華なものが見つかったのは初めてでした。

　古墳を発掘調査すると、古墳の作られた時期に関係なくいくつかのハニワが見つかります。なかでも前方後円墳にはかならずと言っていいほどハニワがあり、特に近畿地方や関東地方の古墳を発掘すると、かなり多くのハニワが出てきます。

　ハニワの種類には、大きく2つに分けて円筒ハニワと形象ハニワがあります。

　円筒ハニワはもっとも多く出てくるハニワで、円い筒型をしており円形や三角形の穴が筒の両側に開けられています。数十本の円筒

ハニワが古墳の頂上や裾の部分に1列に並べられていることが多く、兵庫県の五色塚古墳（4～5世紀の前方後円墳、全長194m）や長野県の森将軍塚古墳（5世紀前半の前方後円墳、全長100m）のように復元された古墳では、その円筒ハニワの列が古墳全体をめぐっているようすを目にすることができます。

　形象ハニワには家形、動物形、人物形、器材形などいろいろあります。人物形のハニワにもいろいろなものがあり、埼玉県はフンドシをした力士ハニワ、群馬県では髪の飾りをつけた巫女ハニワ、千葉県ではヨロイをつけた武人ハニワなどが発見されています。大阪府の今城塚古墳（6世紀後半の前方後円墳、全長350m）からはスカートのような服を着て飲み物を捧げもった巫女ハニワや首のまわりを玉で飾った巫女ハニワが見つかっています。

　動物形のハニワには、作られている動物にもいろいろあり、シカ、イノシシ、ウサギ、サルなど狩で猟らえられる動物から、犬や馬のような家畜として飼われていた動物まであります。

　それでは、なぜハニワが古墳の周りに置かれたのでしょうか。
　群馬県の保渡田八幡塚古墳（5世紀後半の前方後円墳、全長

今城塚古墳で見つかった柵形ハニワと門形ハニワ

96m）では合計54体の形象ハニワが4つのグループにわかれて発見されています。第1グループでは王様と思われる男子像の周りに捧げ物をもつ女子像、琴などを奏でる男子像がありました。第2グループは力士像や武人像の集団、第3グループは馬や馬子の隊列に鳥形のハニワ、そして第4グループは犬や矢のつきささった猪などの動物ハニワでした。

今城塚古墳の家形ハニワ

これらのハニワは王様が王位を継承するための儀式ばかりでなく、王様の権威を示す儀礼や生活のようすも表していると考えられます。

　今城塚古墳ではまた、祭りのようすを示すような柵形ハニワや門形ハニワ・円筒ハニワで囲んだ東西62m×南北6mの区画が作られ、そのなかに家形、器材形、人物形、動物形など113点ものハニワが、入母屋高床式に作られた家形ハニワのまわりにならべられていました。これらのハニワは大王を埋葬する儀式、大王の王位を継承する儀式、大王の権威などを示すものとして作られた、と考えられています。

お父さん、お母さんのページ（第11話）

　埴輪の起源について『日本書紀』は「垂仁天皇32年秋亡くなった皇后日葉酢姫命の葬儀に際して、それまでは死者の側近の連たちを前王らへの殉死者として造営墳墓周辺に埋める慣行が残っていたが、この慣行にたいして王の側近の野見宿禰が当時出雲国土部が造作していた土製の人物、馬、器材などを殉死者の代わりに立てるよう進言したことに始まる」と記しています。野見宿禰は相撲の起源となった人物としても知られます。

　ところで、兵庫県の池田古墳（5世紀初頭、前方後円墳、全長141m）では、周囲の濠に向けて突き出した造り出し部が前方部と後円部に各1ケ所発見され、そこから水鳥埴輪15体が出土しました。その姿がガンカモ類の親鳥に子鳥4体を貼り付けたように製作されていたので、親鳥が子鳥を引き連れている姿を具象したのではないかと考えられています。

　また、奈良県の赤土山古墳（前期4世紀代、前方後円墳、全長106m）は築造直後に地震で崩落したため、発掘調査によって埴輪列が築造時のままの姿で発見されるというめずらしい例です。出土した埴輪類は盾形埴輪、蓋形埴輪、冠帽形埴輪など祭祀関係に使われた可能性が高いと思われるものが多かったので、後円部の下で発見された「家型埴輪」を中心とする何らかの祭祀行為を実施するための埴輪列ではなかったかと考えられています。赤土山古墳の地域は古代有力豪族ワニ氏の勢力圏であり、同氏からは応神天皇はじめ7人の天皇、さらに9人の皇后妃が出ていることから、大王家を含めた首長層の祭祀を主宰した家だった可能性も指摘されています。祭祀主宰者に関係する墓だから、埴輪列も独特だったのではないか、という説です。

　このように、埴輪の意味については、全体像が把握されている古墳の出土状態からの復元研究がさかんです。大阪府の今城塚古墳は、本文にもあるように埴輪の配列が独特でしたが、この古墳は別の意味でも研究者間で注目されていました。というのは、宮内庁は継体天皇の陵墓をこの近くに

龍角寺101号墳（復元古墳）の発掘調査の成果をもとに並べられたハニワ

存在する太田茶臼山古墳と指定していますが、継体天皇が本当に埋葬されたのは今城塚古墳ではないかと古くから考えられていました。2つの古墳から出土する埴輪の年代を比べると、今城塚古墳のほうが継体天皇の在位時代に近いからです。そのうえ、今城塚古墳のために埴輪を製作した窯も見つかっています。これは埴輪研究から本当の被葬者が特定されためずらしいケースです。

75

第12話
高松塚古墳になぜ
絵が描かれてた？

　古墳時代は出現期、前期、中期、後期、終末期と大きく5つの時期に分けられます。奈良県の飛鳥地域には「終末期」の7世紀に作られた古墳がいくつかあります。

　1972年に発掘調査が実施された明日香村の高松塚古墳は、直径が25m、高さは5mというあまり注目されていなかった小型の円墳でした。ところが、発掘をしたところ横口式の「石槨」（横に穴の開いた、石で作った死者をおさめる室）が発見され、その東西南北の4つの壁に描かれていたのが、日本の古墳ではこれまで見つかったことのないような色つきの壁画だったのです。

　この古墳が作られたのは古墳のなかから発見された土器の年代などから、7世紀の末から8世紀のはじめにかけての時期と考えられています。

　石槨は長さ266cm、幅104cm、高さ113cmという小さなもので、壁全面に白いかべ土を塗り、その上に画を描いてありました。東側の壁の中央には青龍（中国で東を守る神の使い）と太陽を意味する日像、西側の壁の中央には白虎（中国で西を守る神の使い）と月の像が描かれ、奥には4人の女子像「飛鳥美人」、手前に4人の男子像、さらに北側の壁には玄武（中国で北を守る神の使い）、そして天井にも星宿とよばれる天体図が描かれ、星はひとつひとつ

金箔で記されていました。
　石槨のなかにはまた漆塗りの木の棺があり、そのなかから透し金具・鏡・冑金・山形金具などとともに人骨も発見されました。

高松塚古墳で見つかった古代女性の壁画（「飛鳥美人」）

高松塚古墳壁画の「白虎」

　このような横口式の石槨をもち、色のついた壁画の描かれた古墳はその後、おなじ明日香村にあるマルコ山古墳とキトラ古墳でも見つかりました。

　キトラ古墳は1983年、ファイバースコープを使用する最新の科学技術調査によって高松塚古墳につづいて玄武を描いた壁画を確認しました。しかし、この調査は秘密におこなわれたもので、しかもその途中でファイバースコープの先端が折れたために中止となってしまいました。

　その後、見つかった壁画がどうなっているかを確かめるため1996年、超小型カメラを石槨のなかに入れて調査をおこないました。その結果、新たに四神像（朱雀を除く）、天文図、日月図が確認され、68の星座、約350の星、天空中心を横切る天体のようすは東アジアで知られた最古の天文図として注目されました。さらに、

この天体図に描かれた星の位置から古墳が作られたおよその時期もわかりました。天文学が考古学にも役にたったのです。
　こうした研究の結果、キトラ古墳に埋葬(まいそう)された人物は7世紀から8世紀ころに生きていた50〜60歳の男性で、星の位置からこの天体図が描かれた場所は朝鮮半島(ちょうせんはんとう)のピョンヤンか中国の北京(ぺきん)付近だと考えられたのです。この古墳に埋葬された人物は自分の死にあたってなつかしい自分の故郷(こきょう)の夜空を描かせ、故郷の風景のなかで永遠の眠りにつきたいと考えたのかもしれません。
　キトラ古墳は現在、保存のための工事がおこなわれていますが、やがて高松塚古墳とおなじように見学者が外からなかを見て、古代を想像できるようになるでしょう。

キトラ古墳壁画の天体図に描かれた北斗七星

お父さん、お母さんのページ（第12話）

　日本には装飾古墳と呼ばれる、壁画が残されている古墳が相当数あります。その壁画の多くは○や△や×のような幾何学文が描かれたもので、高松塚古墳やキトラ古墳のように人物像や神像の描かれている例はごくわずかです。

　その高松塚古墳で近年、突如発生したのは壁画の劣化問題です。高松塚古墳では最初の調査で壁画が発見されるや、保存のために密封するとともに数ヶ月という異例の速さで史跡指定の処置をとり、保存管理が文化庁に移管されました。一般に重要な古墳は特別史跡とか、国史跡に指定される場合が多いのですが、高松塚古墳については特例として古墳本体は特別史跡（1973年4月）、壁画部分は国宝（1974年4月）と分けて指定されました。そして、文化庁では特別史跡は記念物課が、国宝は美術学芸課が担当となっています。

　このような2系統の流れのなかでカビ問題が生起したため、両系統の連絡が上手く機能しなかったようです。1982（昭和57）年ごろにはカビの発生が関係者間には知られるようになり、2001（平成13）年には手の施しようがないほど大発生状態となっていたようです。

　そのようななかで、文化庁は1987（昭和62）年に発見15周年を記念して『国宝　高松塚古墳―修理と保存―』を一部の関係者だけに配布しましたが、そのなかではカビの発生と壁画の退色や損傷が確認されていました。さらに明らかにカビの繁殖や壁画劣化が確認されていた2004（平成16）年には『国宝　高松塚古墳壁画』（文化庁監修）を刊行し、その序文に文化庁長官が「30年を経ても壁画は大きな損傷あるいは褪色もなく」と堂々と一文を添えてしまいました。

　2004（平成16）年6月、一部の新聞に高松塚古墳壁画劣化の報道がなされ、大きな衝撃が走りました。この間、全く適切な対策が採られないまま時間だけが経過していきました。

茨城県の虎塚古墳は壁画古墳として知られ保存・公開されている

　一方、同時期にキトラ古墳でも壁画の劣化が公表されます。そしてキトラでは壁画の剥ぎ取り、高松塚は石槨の解体による修復という大胆な保存策が2005（平成17）年、文化庁から最終判断として表明されました。

　しかし、この決断には各地からさまざまな異論が起こりました。従来、考古学遺跡は現地にそのままの状態で残すことが第一義で、佐賀県で高速道路建設に伴う古墳群破壊を防ぐため全く違う地点に古墳を移築した二塚山古墳の例が、多くの非難を浴びたこともあります。当然、高松塚古墳壁画も現地での保存を第一義とする原則が声高く叫ばれました。

　キトラ古墳の壁画剥ぎ取り作業は2005（平成17）年12月から開始されましたが、壁画の描かれている漆喰の層が非常に固いため、一部を剥ぎ取った段階で作業を延期せざるえない状況となっています。このようにキトラ古墳の壁画剥ぎ取り作業が急がれた背景には、高松塚古墳では発見当初から完璧な保存施設で壁画が守られていたはずだったのに、そこでもこれだけの劣化現象が発生したことへの反省があったようです。

　最終的に両古墳は解体、修復される予定で工程が進んでいます。

第 13 話
古代日本と関係の深い
百済 武寧王陵のナゾ

　古い時代、朝鮮半島の国ぐにの文化は日本よりずっと進んでいましたが、5～6世紀に朝鮮半島にあった百済国からは日本にいろいろな新しい文化がもたらされました。538年には百済の王様から仏像やお経が日本に贈られ、これが日本に仏教が正式にもたらされた最初だとされています。

　それより少し前に百済の王様だった武寧王は、北からせめこんできた高句麗の軍を打ち負かした王として有名な人物です。この王様

武寧王陵の入り口

82

が亡くなった後に作られた墓が「武寧王陵」です。

武寧王陵は公州市の宋山里古墳群にありますが、ここにある多くの古墳はほとんどが盗掘（墓どろぼう）によって荒らされています。しかしこの古墳は被害をうけておらず、1971年になかから墓誌（墓にほうむった人について記録したもの）が見つかりました。

武寧王陵の内部

そこには武寧王という名前のほか、王が523年5月に62歳で亡くなり2年後に埋葬されたこと、王妃が526年に亡くなり3年後に王をほうむったこの墓に埋葬されたことが書かれていました。この墓の玄室（遺体を置いておく場所）には王と王妃の棺が並んでいましたが、この棺は日本の近畿地方にしかない高野槙（コウヤマキ）という木で作られたもので、このことは当時の日本と百済あいだに親しい関係があったことを示しています。

武寧王陵の内部（この奥が王と王妃の棺が置かれた玄室）

　武寧王陵は斜面の岩をほりぬき、数百枚のレンガを積み上げてトンネルのような墓のアーチを作り、その上に土を盛って直径20mほどの円形の山にしてあります。墓を作っているレンガにはいろいろな文様がきざまれていますが、その文様からもこの墓が作られた時期がわかります。

　墓のなかからは、2つの棺といっしょに金の耳かざり・金のまくら・金の足のせ・金のかんむり・銅鏡（どうきょう）・陶磁器（とうじき）など3000点以上の品が見つかっています。なかには王妃のためでしょうか「ひのし」という現在のアイロンのようなものもありましたが、これとおなじ「ひのし」が日本でも2つの古墳から見つかっています。2つとも女性が埋葬されている古墳です。

　ところで、武寧王は日本で生まれたという説があり、日本と朝鮮の両方におなじような記録があります。それによると、461年、百

済の王が弟を日本の天皇（雄略天皇）に使いにやった時、弟の夫人が途中、現在の福岡県加唐島で男の子を生み、そのためその子は「嶋君」と名づけられました。この人物がのちに武寧王となったというのです。

武寧王陵におかれていた石造の動物
（鎮墓獣、高さ24cm）

百済国と日本の関係が深かったことは、和歌山県の隅田八幡宮に残された鏡の裏面に人物の絵とともに「503年に王様の長生きを祈ってこの鏡を作り武寧王が献上した」と書かれていることからもわかります。この時期の朝鮮半島には百済国のほか東に新羅国、北に高句麗国があって三国時代とよばれますが、百済国はとくに日本との間で人の往き来も多かったことが歴史書に書かれています。考古学の研究成果はそのことを証明しているのです。

復元された武寧王の棺

85

お父さん、お母さんのページ（第13話）

　かつて、日本への仏教公伝については百済の聖明王から仏像と仏典が贈られた年を538年、もしくは552年とする2説がありましたが、近年は538年説に決着しています。

　この新しい宗教である仏教にたいして、この教えに積極的に帰依して布教しようとしたのが当時の有力豪族で大臣（おおおみ）の蘇我氏で、蘇我氏は自分たちで寺院を建築し、仏像を置いて信仰していました。そのひとつが日本で最も古い寺である飛鳥寺です。その一方、古来から土着の民間信仰をかたくなに守ろうとして仏教排斥側になったのが大連（おおむらじ）の物部氏です。最終的には崇仏派の蘇我氏が大王家の推古天皇、厩戸皇子（うまやどのおうじ）（聖徳太子）と組んで587年に排仏派の物部氏を滅ぼして、この対立に終止符をうちます。

　このように当時の日本は、百済だけではなく朝鮮半島諸国との関係が深く、513年に百済の五経博士が渡来、554年に百済から暦、易、医学博士が来日、602年に百済の僧観勒（かんろく）が暦を伝え、610年に高句麗の僧曇徴（どんちょう）が彩色、墨、紙などの文房具類を伝え、612年には百済の味摩之（みまし）が伎楽舞を伝えたという記録が残っています。

太宰府に残る水城の跡

その後も日本と百済との関係はさらに深くなり、660年に百済が唐・新羅連合軍の猛攻で滅亡すると、百済の皇族や貴族が日本に多数逃げてきます。この亡命してきた人たちの百済再興の悲願を実行するため、時の斉明天皇、中大兄皇子らは九州にまで前線を進め、663年には大軍船団を半島に派遣します。これが古代史上最大の海戦といわれる白村江の戦いとなります。この間に斉明天皇は遠征の地にある朝倉宮で殁し、またこの海戦で日本・百済連合軍は大敗して、日本側は逆に唐・新羅軍の来攻にそなえるため、九州の大宰府近辺に水城（みずき）とよばれる高さ9m、底部の幅80mの土塁を1.2kmにわたって築き、その海側に幅60m、深さ4mの濠を設けました。さらに、敵軍の九州来攻を畿内に知らせるために、瀬戸内海沿岸の各所に烽火台を設置し、また各拠点に朝鮮式山城とよばれる独特の山岳城郭を築きました。九州の大野城、怡土城（いとじょう）、畿内の高安城などがこのとき作られた城です。そのひとつである岡山県の鬼の城では標高400mの山頂で朝鮮式の山城とおなじ城門、建物、土塁、石垣などが発掘されています。

　日本に逃れてきた百済の人びとはその後日本各地に住み着き、さまざまな百済の風習を日本に伝えました。法隆寺に残る百済観音像や中宮寺、広隆寺の弥勒菩薩像（半跏思惟像）などはその影響の一部を示しています。

水城の復元想像図

第14話
法隆寺はほんとうは いつ建てられた？

　奈良県にある法隆寺は、世界でもっとも古い木造の建物として知られています。法隆寺は今から1500年ほど前に死んだ用明天皇のために、聖徳太子や推古天皇が7世紀のはじめに建てたとされていますが、この寺にはいくつかのナゾがあって、現在の建物がいつ作られたのかは、じつはよくわかっていないのです。法隆寺が最初に建てられたままの姿で残っているものなのか、それとも後で建てなおされたのかについては、研究者のあいだで意見にちがいがあり、明治時代から論争がおこなわれてきました。どのような論争があったのでしょうか。

　法隆寺はもとは斑鳩寺とよばれていて、法隆寺の金堂に安置されている薬師如来像を見ると、聖徳太子らが607年にこの寺を完成させたとなっています。また、もっとも古い日本の歴史書である『日本書紀』を見ると、670年に雷が落ちて法隆寺が全焼したと書かれています。そのため、『日本書紀』に書かれていることを信用して、現在の法隆寺は最初に建てられた建物ではなく7世紀の後半に建てなおされたものだとする意見（再建

論）と、『日本書紀』で全焼したと書かれているのは別の寺であり現在の法隆寺は最初に作られた建物がそのまま残っているのだ、とする意見（非再建論）が対立してきたのです。

　昭和の時代になって、1939年、法隆寺で駐車場を建設することとなり、そのため発掘調査がおこなわれました。その結果、現在の法隆寺が建っている場所からすこしずれた位置に、若草伽藍とよばれる古い建物の跡が発見されたのです。伽藍というのは、門や塔、金堂、講堂など寺の建物をどのように配置するかを描いた図のことで、その配置が現在の寺より古い時代のものだったのです。この若草伽藍が発見されたことで再建論に決定、と思われました。

　しかし、その一方で21世紀になって寺の屋根瓦の研究から、法

法隆寺の金堂と五重塔

隆寺が最初に建てられたのは610年ごろとかなり古く、650年ごろにやっと建物のいくつかが作られたと考える人が現れました。そのため、670年の火災では焼けなかった建物もあったにちがいないと考え、そうした人たちから新たな非再建論が出されました。

そこに、さらにおどろくべき発表がさなれました。1943〜1954年におこなわれた五重塔の解体修理のとき、心柱（塔の中央に地面からてっぺんまで通して立つ柱）の一部が標本として残されたのですが、2000年にヒノキで作られたこの柱を最新の年輪年代測定法で分析した結果、柱となった木材は594年に山から切りだしたものだとされたのです。こうして法隆寺の建てられた本当の年代については、またもやふりだしにもどることになったのです。

このように考古学は、文字で書かれたことがほんとうに正しいのかどうかを確かめる研究でもあるのです。

法隆寺より少し後に建てられた山田寺の発掘された金堂の跡

お父さん、お母さんのページ（第14話）

　第13話で述べたように、わが国への仏教公伝は538年のこととされていますが、これまでの研究では、飛鳥地域の有力豪族のなかにはもっと早い時期から個人的に仏教に帰依していた人たちもあったのではないかと推測されています。

　その証拠として、2003（平成15）年、奈良県桜井市にある国史跡の山田寺跡の北側から、7世紀後半の創建当時の大型柱穴と軒から落ちる雨水を受ける溝が発見されました。山田寺は、蘇我馬子の孫にあたる蘇我石川麻呂（大化の改新の後、蘇我氏の一族であるのに右大臣となった人物）が641年に造営を開始し、643年に金堂が完成したものの、649年に石川麻呂が謀反の疑いをかけられ、この寺に籠もって自害するという事件が起こった寺です。

　この寺は、事件後の685年になってやっと開眼法要となったという、いわくつきの私寺です。これまでの発掘調査で伽藍配置の全貌が明らかにされましたが、それは聖徳太子が創建したと言われる四天王寺の形式に近い、門と塔・金堂が直線上に並ぶ配置で、講堂が外に出る形式であったことがわかっています。1982（昭和57）年に行われた調査では、東側回廊の連子窓枠の木部材が倒壊した状態で発見され、当時は「古代寺院の姿がそのまま発見」と注目された寺でもありました（因みにその後、窓枠の木部材は奈良国立文化財研究所でポリエチレングリコールを木製品に浸透させる最新保存技術によって処理され、現在、飛鳥資料館で展示公開されています）。

　また、おなじく桜井市の吉備池廃寺からは南門の跡が発見されました。この廃寺は、1995（平成7）年に初めて発掘調査が実施されて柱穴などの遺構が検出され、続く1997（平成9）年の調査で7世紀中頃の寺院跡と確認された寺です。規模は飛鳥時代の寺院跡としては最大級で、金堂や推定高が70mの九重塔基壇跡、金堂と塔を結ぶ回廊跡なども発見され、出

発掘された山田寺回廊の連子窓枠

土した瓦などからわが国初の国立寺院である百済大寺の可能性が高いと指摘されました。

　百済大寺とは、639年に舒明天皇の発願で創建された初の国立寺院で、673年に天武天皇が伽藍を移して高市大寺（大官大寺）としましたが、平城遷都に伴いさらに移動して南都七大寺のひとつ大安寺と改称された寺で

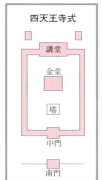

飛鳥寺式伽藍配置と四天王寺式伽藍配置

もあります。今回の発見によって、この寺の伽藍配置は従来知られていた7世紀前半の飛鳥寺式や四天王寺式とは全く異なっており、南門を入って中門を抜けると目の前に金堂があり、横に塔が配置される7世紀後半に出現する法隆寺式に近いものであったことが判明しました。古代の政権中枢部における大寺院が、独特な伽藍配置をそれぞれ保有していたことがわかる発見となりました。

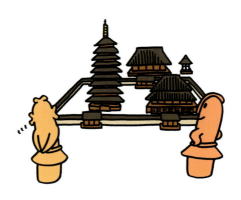

第15話
日本でいちばん古いお金は？

　日本ではじめてお金（貨幣）が作られたのは、今から1300年ぐらい前のことで、その貨幣は「和同開珎（「かいほう」ともいう）とよばれました。これは708年（和銅元年）に今の埼玉県で質のよい赤銅が発見され、その銅を使って中国で用いられていた開元通宝をまねて貨幣を作ったのです。この貨幣を作った理由は、そのころ建設を計画していた新しい都（平城京と名づけられた）の建設費用を集めるためだったと言われています。

　その後、日本では平安時代の終わり頃までの250年間に、皇朝

銅の発見を記念して埼玉県秩父市に立てられた碑

鋳型のなかに入っている和同開珎

十二銭とよばれるいろいろな貨幣が作られました。しかし、これらの貨幣はあまり使われなかったようです。政府はなんとかして貨幣を普及させようとして、貨幣をたくさんためた人に高い位をさずける法律を作ったりしました。しかし、普通の人たちには物々交換（物と物を直接交換すること）のほうがずっと便利で、お金を使って売ったり買ったりしませんでした。

　今のようにお金をはらって品物を買うようになるのは、鎌倉時代になってからです。この時代になると、中国から大量の貨幣が輸入されるようになって、都ばかりでなく地方でもお金を使うようになりました。一方、このように中国の貨幣が地方でも使われるようになると、一般の人たちは本物の中国の貨幣を見ることがあまりないことから、ビタ銭と呼ばれるニセ金も作られるようになりました。発掘調査ではこのビタ銭もよく出てきますが、ニセ金がかなり多く使われていたことがわかります。

ところで、1998年、奈良県の飛鳥地方で大発見がありました。飛鳥池遺跡で7世紀後半と考えられる土の層から、日本で最古の貨幣の「富本銭」が約300枚も発見されたのです。遺跡からは貨幣を作る鋳型にあたる鋳棹も発見されました。じつは、『日本書紀』で682年のことを書いたなかに「今より必ず銅銭を用いよ」とある「銭」とは、いったい何なのか長い間疑問となっていたのですが、この発見によって富本銭がそれに当たるということになったのです。

　それまで教科書には「わが国最古の貨幣和同開珎」と書かれてい

飛鳥池遺跡の富本銭が見つかった場所

鋳棹に付いて発見された富本銭

ましたが、こののち富本銭が日本で作られたもっとも古い貨幣ということになりました。まさに歴史を塗り替える大発見でした。

　ところで、この飛鳥池遺跡はそもそも新しい博物館を建設するための発掘調査で見つかったものだったのですが、富本銭の大量の発見があったため、博物館を計画どうり建設するべきか、それとも建設をやめるべきかが問題となりました。それまでも、遺跡の大発見によって建設計画が変更されたことははたくさんありました。青森県の三内丸山遺跡は野球場の新設工事にとりかかるなかで発見されたものだし、佐賀県の吉野ヶ里遺跡も工業団地を建設するための工事での発見でした。奈良県もやはり博物館の建設計画を変更し、建物の方向を変えて建設することにしました。現在、この遺跡には万葉文化館が建てられ、その地下に保存された富本銭の発見場所をガラス越しに見ることができます。

お父さん、お母さんのページ（第15話）

　奈良時代に関する発見には、中央だけではなく聖武天皇の発願で始まった、全国各地に残る国分寺・国分尼寺関係の発掘調査の成果も蓄積されています。

　千葉県では市川市にある下総国分僧寺・同尼寺の調査が数次にわたって実施されています。その結果、僧寺は法隆寺式伽藍配置であることが確認され、尼寺のほうは寺域の東辺が300mを越す広大な規模であったことが判明しています。一方、市原市にある上総国分僧寺・同尼寺の調査も数次実施され、僧寺の規模は東西490m、南北330mで、塔が伽藍内に含まれる配置と確認され、尼寺も南北380m越す規模であったことが判明しています。

　岡山県の美作国分寺跡では、2000（平成12）年の塔跡調査によって伽藍内の堂宇建設の順番を推定できる資料を得ることができましたが、それによるとまず金堂・講堂が建立され、続いて塔・中門の建設が実施されたようです。国分寺内の堂宇建設順序が推定できる例は武蔵・下野・上野・下総などにありますが、これらは全て塔先行の建設なのにたいして、美作国のように金堂先行はめずらしい例といえます。

　2002（平成14）年春には、京都府の丹波国分寺跡の発掘調査成果が公表されました。それによると寺域はこれまでに推定されていた数値を上回って一辺が260mであったこと、寺域内の排水用に幅約9mの川が隣接していたことなどが判明しました。この国分寺は寺域が東西で約2mもの高低差があり、傾斜地に建設地を設定して伽藍を配置した、稀なケースと考えられています。

　東京都府中市には奈良時代に国分寺および国分尼寺が建立されていたことが、江戸時代に発見された瓦に文字が残っていたことで知られていました。そのため、明治時代に行われた現地での表面調査によって、ここに国分寺などがあったことが推測され、1992（大正11）年には史跡に指定さ

武蔵国分寺の復元想像図

れました。

　この武蔵国分寺の本格的な発掘調査は、昭和30年代になって調査体制が整備されてから実施されるようになりました。その結果、国分寺と国分尼寺の範囲が確認され、さらに古代東山道に付随する武蔵路とよばれる幹線道路跡が発見されたのです。これは、国分寺と尼寺の中間を通り、下野国の東山道まで貫通している8〜12m側溝付き官道だったことがわかりました。

　かつて、古代道の研究は文献歴史学と歴史地理学の専門分野と考えられていましたが、このように各地で地方道跡の発掘調査が進むにつれて、この方面でも考古学の発掘調査による成果が重要な手がかりを与える要素となってきています。

第 16 話
平城京はどのくらいの大きだった？

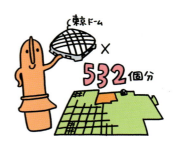

　都（みやこ）というのは、天皇がおり、政治の中心地とされた場所ですが、日本でいちばん古い都は 710 年に作られた「平城京」（奈良の都）だと以前は考えられていました。しかしながら、『日本書紀』という古い歴史の本には「持統天皇八年（694 年）十二月に新益京へ移す」と書かれています。そこで研究者たちはこの新益京とは「藤原京」のことではないかと考え、この藤原京の跡をさがす調査がいろいろおこなわれてきました。

　そして 1996 年、奈良県の橿原市と桜井市という離れた場所でおこなわれた 2 つの発掘調査で、偶然、藤原京の東と西にあたると思われる場所から、おなじ道路の跡が発見されました。橿原市側では西十坊大路が、桜井市側では東十坊大路が発見され、それまで考えられていた藤原京の東西の長さを大きく変更する道路が見つかったのです。

　この調査の結果、藤原京は東西 5.3km、南北 4.8km もの規模をもつ都だったことがわかりました。そして、その中央に東西 2.1km、

南北 3.1km の藤原宮が建設されたことが判明しています（宮は天皇のすまいがある場所）。

　藤原京が都として使われなくなったのち、710 年、都は平城京にうつりますが、平城京は東西 4.3km、南北 4.8km で、その東側に「外京」とよばれる部分がくっついています。藤原京のほうが平城京より大きかったのです。

　平城京は外京とよばれる区域が北側と東側に 2 ケ所あり、東側には多くの寺が作られました。大仏で有名な東大寺もここに建てられました。平城京を作るときに大きな古墳がこわされたこともわかっています。宮の中心には大極殿（高さ 28m）が建てられ、ここで毎日政治がおこなわれていました。

復元された平城京の大極殿

平城京の復元模型

　そもそも、この平城京は1953年に道路工事がおこなわれたとき大極殿跡あたりで柱の跡が発見されたことから、発掘調査がおこなわれるようになったのです。その後、1960年に平城京のなかで鉄道の操車場(そうしゃじょう)が建設されることになり、地元の人たちが計画変更をもとめて保存運動(ほぞんうんどう)をはじめました。これをうけて、国は宮の全域を

国有地にし、奈良国立文化財研究所を作りました。この研究所を中心として今も発掘調査がつづけられています。

ところで、この平城京の発掘で新聞のニュースをにぎわしたのが、1988年の発掘調査で長屋王の邸宅跡が発見されたことです。長屋王は8世紀のはじめ、元正天皇の時代に政治の中心として活躍した人で、発見された邸宅跡は面積が約8万平方m（甲子園球場2つ分）で、邸宅のなかには外国からきた客をもてなしたと思われる大きな建物もありました。この遺跡で注目されたのが5万点も発見された「木簡」です。木簡というのは今のメモ用紙にあたるうすい木の板ですが、発見されたなかに「長屋親王宮鮑大贄十編」と書かれたものがありました。そのことからこの邸宅が長屋王のものだったこと、また、この邸宅に住んでいた人たちが鮑を食べていたことがわかりました。さらに、氷室とよばれる現在の大型冷蔵庫にあたるものも発見され、各地から送られた産物が保存されていたことがわかりました。

長屋王の邸宅跡で発見された「長屋親王宮鮑大贄十編」と書かれた木簡

お父さん、お母さんのページ（第16話）

　平城京の発掘調査は、これまで多くの結果を記録しています。

　たとえば、古くから文献資料などにより平城京の南辺には羅城門の左右にわずか数メートル程度の羅城壁が築造されていただけで、中国の王城に見られるような四周を囲い込む羅城壁はなかったと考えられていました。しかし最新の発掘調査では、京の南側ではかなりの規模で城壁が巡っていた可能性が指摘されています。つまり、平城京の南辺では全面的に羅城壁が巡っていたようなのです。

　平城京では大極殿が前期と後期と大きく2回造営されていますが、2010（平成22）年に奈良市が平城京遷都1300年祭で大フィーバーしたとき、前期大極殿の建物を復元建設して祭典の目玉としました。しかし、この復元は批判の声が強いものでもありました。大極殿跡直上に前期建物を復元するのは遺構の破壊を意味し、遺構保存を考える立場からみるとかなり疑問な話なのです。そのうえ、遷都記念イベントのテーマキャラクターとして製作された「せんとくん」が「仏像にシカの角がはえている」というあまりにも不可思議な形のためか地元でも不評で、マスコミでもその評判の悪さが大きく取り扱われるオマケまでつきました。

　平城京の最新調査では、京内で発見されたトイレ遺構内の土壌分析から、ウシやブタなどの肉食をしていたことが判明しています。これは、土壌のなかからブタやウシにだけ感染する特別な寄生虫の卵が検出されたからです。この平城京が都だった、奈良時代より前の天武天皇の時代には、ウシ、ウマ、イヌ、サル、トリなどの食を禁止する法令が出ていたので、当時の貴族や外国からの貴賓たちには特別に例外的に提供されていたのか、とも推測されています。

　トイレ遺構は藤原京で最初に発見されましたが、塀に沿った長方楕円形の穴が水の流れている側溝と平行して掘られ、その土壌内からチュウ木という便を掻きだす道具が多数出土し、さらにその土壌分析から寄生虫の卵

104

藤原京のトイレの想像図

などが検出されたことでトイレと認定された遺構です。当時の都の人たちはごく原始的な水洗便所を使用していたようです。

第 17 話
大噴火にうもれた
古代の都市ポンペイ

　イタリア半島の真ん中くらいにポンペイという町があります。ここは、今から約2000年前、紀元79年に近くにあるヴェスヴィオ火山（標高40m）の大噴火で埋もれた町なのです。
　ポンペイはローマ帝国のひとつの町でしたが、ワインづくりがさかんで栄えていました。東西にのびる道路と南北にのびる道路で碁盤の目のような市街地になっていました。町は壁でかこまれ、6つの門がありました。そのなかのひとつのマリーナ門は、門から出ると海に面しています。道のはばは狭いのですが、車用の道と歩道がしっかり区別されていました。発掘では海につづく運河からいろいろな品が見つかっており、ほかの町と交易がさかんだったことがわ

106

かります。なかでも、港からあがる魚と海岸で作られた塩が重要だったようで、古代ローマ人が好きだったガルムとよばれる料理用ソースの原料となっていたようです。

　町の中心に建つアポロ神殿(しんでん)は、48本の太い石の柱でかこわれ、まんなかにゼウス神の像が置かれていたと思われます。そばには、日時計(ひどけい)のやくわりをした石の円柱も立っていました。また、バジリカと呼ばれる長方形（55m×24m）の広場を石の円柱でかこった場所には毎日多くの人があつまっていたようで、壁にはいろいろな落書(らくが)きがのこっています。ローマ帝国の町にはかならず大きな劇場が建設されましたが、ポンペイにも屋外の大劇場があり、5000人

ポンペイの町（正面に見える山がヴェスヴィオ火山）

107

は入ることができたと思われます。この時代には、こうした劇場やコロシアム（円形闘技場）で剣闘士の試合やときには剣闘士とライオンの戦いがおこなわれました。

　また、公共の風呂場も発見されていますが、男用と女用にわかれていて、天井にはきれいな装飾がほどこされていました。

　ポンペイが火山噴火で埋もれる40年前に学者がヴェスヴィオは死火山だと言っていたため、人びとに油断があったようで、多くの住民が6mもつもった火山灰に一瞬でおおわれたようです。火山灰があまりにも急にふりかかってきたので、居酒屋のカウンターの上にお金が残ったまま、またパン屋ではパンを焼くカマドにパンがのこったまま発見されました。

　火山灰は400度をこすような高温のけむりだったようで、町の人びとが火山灰におそわれたときの姿、たとえば立ったまま、座った

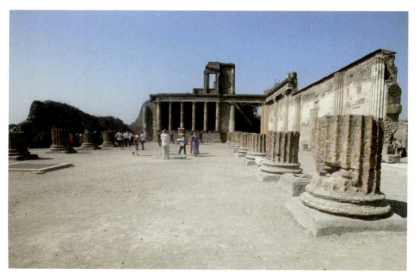

バシリカ

コロシアム

まま、逃げる途中といった人間の形をした空洞が土のなかに見つかり、そのようすがわかったのです。

　ポンペイは世界ではじめて見つかった、火山灰にうもれたままの遺跡として有名ですが、そのため火山噴火によってうもれた日本の遺跡を「日本のポンペイ」と言うことがあります。

逃げおくれた人たちの遺体（石膏で型をとったもの）

お父さん、お母さんのページ（第17話）

　ポンペイが火山により崩壊したことは広く知られていましたが、1709年に町の一隅で別荘の建物を建築中に、古代の都市の一部が偶然発見されました。1738年に発掘作業が開始され、1748年にはポンペイの中心部も発掘されるようになり、発掘調査組織も作られて、徐々に全貌があきらかになっていきます。イタリアは1940年、1939年から始まった第2次世界大戦に枢軸国側で参戦し、1943年7月に連合国軍がイタリアに上陸して9月にはイタリアが降伏しますが、この間、ポンペイの発掘は中断されました。

　その後、本格的な発掘調査が実施されるようになり、全体像がわかってきます。火山灰で覆われていたため、発掘された家々は固有名詞ではなく発見時の名称でよばれています。「外科医の家」は高価な外科医療道具類が出土したので付けられ、「金のキューピッドの家」はトナカイとキューピッド、ワイン用のびんとキューピッド、いろいろな香水をつくるキュー

ポンペイのパン屋に残るパン焼き窯

ピッドなどがフレスコ画で残っていたことから付けられた名です。「悲劇詩人の家」は、モザイク画で悲劇詩人が描かれていたためにこうよばれています。

　出土した遺物には多種多様なものがあります。本文でも触れましたが、発見されたパンは丸形のもので、この時代ポンペイではパンやフォカッチャがいろいろな商店で売られていたことが知られました。また、コロシアムからは剣闘士が着用していた金属製のカブトやすね当てなども出土しています。

　そもそも、ポンペイは紀元前6世紀ごろローマ国が成立した前後にイタリア各地の反ローマ連合に属し対抗しましたが、紀元前1世紀にはローマ側に占領されて植民地となりました。位置的にはローマに至るアッピア街道への運送路にあたり、主要産物のワインや地中海貿易での交易品を港から運ぶ重要な拠点として発展したのです。

　実は、大噴火の予兆は以前からありました。紀元後62年に大きな地震があり、大被害がありましたが、その修復中の79年に火山噴火となったのです。79年8月24日に最初の大噴火があり、一晩中火山灰が降り注いだといいます。翌25日に大火砕流が発生して、またたく間にポンペイ市街を襲ったようです。高温の有毒ガス（硫化水素）も発生し、津波も襲ったことがわかっています。ポンペイ市民を救助にきた各地の船でも、この有毒ガスにやられた犠牲者がでたことが記録に残っています。早い時期に町から逃れた人も多数いましたが、当時2万人ほどいた市民の内、逃げ遅れた約2000人が死亡しました。世界遺産ポンペイは、今なお生々しい火山災害の実情をみることのできる遺跡です。

111

第 18 話
信長や秀吉の城もわかってきた！

　日本には全国にいろいろな城が残っています。城のほとんどは今から500年ほど前、戦国時代から江戸時代にかけて建てられたものですが、その時代のお城や城下町も各地で発掘されています。
　福井県の一乗谷にある戦国時代の大名朝倉氏の館跡では大名館、重臣の屋敷、下級武士や職人の家、寺などが見つかっています。朝倉氏は1573年、織田信長に滅ぼされましたが、この城下町はそれまで約100年間、繁栄していました。

朝倉氏の館跡

朝倉氏の館の復元模型

　1989年から滋賀県の安土城跡で発掘調査がはじまりました。安土城は1567年に織田信長が琵琶湖のそばの安土山（標高200m）の山頂に作った城で、高さ46mもの大きな天守閣が建っていました。これまでに本丸の大手道や天守閣跡のほか、羽柴秀吉（のちの豊臣秀吉）の邸宅跡や前田利家の邸宅跡が見つかっています（天守閣では金のシャチホコが出てきましたが、金だったのは目、牙、ヒレ部だけでした）。本丸のなかには天皇をむかえるために、京都の宮中にある「清涼殿」とまったくおなじ大きさに作られた建物の跡なども発見されています。

　織田信長が家来の明智光秀に殺された京都の本能寺の発掘調査も2007年におこなわれましたが、寺のまわりには幅7m、深さ1mの堀が作られており、信長は自分が宿泊する寺にもかなりの防備の

本能寺の瓦（能の右側が「去」になっている）

用意をしていたことがわかります。さらに焼けた瓦なども出土しましたが、そのなかには「能」の右側の「ヒヒ」が「去」となった字の刻まれたものもありました。これは、「ヒヒ」という字が火とつながるので、それをさけたためと考えられます。

　豊臣秀吉の作った城や館でも、いろいろ発掘調査されています。1615年に大坂夏の陣で焼けた大坂城でも、金でかざられた瓦、丹波焼の大皿、絵の描かれた唐津焼の皿などのほか、将棋の駒、犬形土製品、人形木製品などいろいろなものが発見されています（大坂は今は大阪と書きます）。2007年の発掘調査では、城跡のゴミ捨て場から鳥や獣の骨、魚の骨や貝がらなど城に住んでいた人たちの食べた残飯が出土しましたが、獣ではシカ・ウマ・イヌなど、鳥ではニワトリ・キジ・カモ・サギなど、魚はマダイ・マダラ・フグ・アジなど、貝はサザエ・アカガイ・アカニシ・ハイガイなどいろいろあり、なかでもサザエは250点以上発見されています。秀吉が客をもてなすため、全国各地から送らせた美味しいさまざまな食材を食卓に並べていたことがわかります。

　秀吉は1594年に宇治川、木津川、桂川の3つの川を淀城の近くで合流させ、奈良、京都、大坂という3つの大都市の河川交通を

整備させました。このとき京都を流れる宇治川には「太閤堤」と呼ばれる堤防を築きましたが、2006年にこの太閤堤跡の発掘がおこなわれました。このときの調査では、城づくりとおなじような最新の土木技術を用いて堤防が作られていたことがわかりました。

ところで、江戸幕府は大坂城が落城した後に、そこに新しい城を作るために多くの大名に数百万コという多量の石を、瀬戸内海の沿岸地域から十数年もかけて切り出させました。2000年ごろから兵庫県の六甲山で大坂城のための石切丁場遺跡の発掘調査がいくつもおこなわれましたが、その結果、毛利藩、京極藩、池田藩などが各藩の範囲を決めて、多くの石を切り出していたことがわかりました。これらの藩は新しく徳川家康の家来となった大名たちですが、命令に従って大変な仕事をみな忠実に実行していたのです。

復元された安土城本丸の大手道

お父さん、お母さんのページ（第18話）

　中世史は今や古代史と同様、考古学の助けなくして真実を語れない歴史となっています。

　関東地方では、死者の供養碑として立てられた板碑と呼ばれる中世の遺物がよく発見されますが、板碑には必ず没年号が刻まれていまるので、年代を把握するのに有用な遺物でもあります。

　室町時代の初期、日本中をふたつに割って南北朝の争乱が起こり、後醍醐天皇方の南朝と、足利尊氏が推す天皇方の北朝が全国各地で激闘を繰り広げました。両朝はそれぞれ独自の「元号」を使用しましたが、埼玉県の春日部市、幸手市、蓮田市などでは南朝方元号の板碑が8基ほど発見されています。なかには文献史上では北朝方の勢力圏と考えられていた地域での発見もあり、両方の勢力図が混在していたことがわかります。北畠親房（きたばたけちかふさ）が後醍醐天皇のあとに即位した南朝の後村上天皇に献上するため、三種の神器を保持する南朝の皇位正統性を強調する『神皇正統記』を執筆した

常陸国の小田城跡

のも常陸国の小田城です が（現茨城県つくば市）、数年にわたる発掘調査によりこの城が小規模ながら堅固な城構えであったことがわかっています。

青森県津軽半島の北端に、日本海に面する十三湖と呼ばれるラグーン（潟湖）がありますが、この地は朝鮮の貿易船も来航した中世日本海交易の重要な港湾都市として栄え、その利益を得た安東氏が勢力を誇ったところです。この十三湊遺跡の発掘調査が1991（平

十三湊の町並復元図

成3）年から本格的に実施され、整然とした町割りが14世紀から15世紀にかけて建設され、南北に大きな直線道路、東西には大土塁が築かれ、北側に領主館や家臣団クラスの屋敷群が、南側には一般の町屋や寺院が造られていたことがわかりました。この遺跡から出土した、搬入された瀬戸焼や能登半島産の珠洲焼の焼き物類を年代別に分析したところ、15世紀中葉には繁栄の時期も終焉に近づいたことが判明しました。

戦国時代の地方における状況も近年の発掘調査で徐々にハッキリしてきています。2000年代に入り、新潟県の鮫ケ尾城の発掘調査が実施され、焼けた木材と一緒に焼けたおにぎりも発見されました。鮫ケ尾城は上杉謙信没後の1578年、御館の乱と呼ばれる家督争いが養子の景勝と景虎の間で起こった折、劣勢となった景虎が最後に立て籠もり落城した城です。

第19話
江戸時代の町や村も発掘されてる

　日本には火山が多いのですが、群馬県にある浅間山は今から900年ぐらい前（平安時代）と、1783年（江戸時代）に大噴火をしています。

　1783年の大噴火では、噴煙が北関東一帯にひろがり、関東全域にも火山灰がふりそそぎました。また流れ出した溶岩がふもとの鎌原村に流れこみ、村の8割もの人が死にました。このとき村でいちばん高いところにあるお堂（観音堂）に村びとたちが逃げましたが、老婆を背負った女の人が逃げおくれて溶岩に呑みこまれました。1979年にお堂の階段が発掘されましたが、2人が必死に階段をのぼってお堂にたどりつこうとしているすがた

鎌原観音堂（石段50段の15段が残った）

石見銀山の坑道

が、そのまま発見されたのです。第17話でのべたように、この鎌原村も「日本のポンペイ」のひとつです。

　ところで、16世紀には全世界で掘り出される銀の約3割を日本が産出していましたが、なかでも島根県の石見銀山からは多くの銀が掘り出されていました。その銀山の跡が2007年に世界遺産になりました。この銀山の発掘調査では、戦国時代から江戸時代にかけて使われた建物や道路、坑口などの跡が発掘され、銀を作るのに用いた鉄鍋・下駄・火ばし・タガネ・おもりなどが発見されました。

　江戸時代に関する発掘は1980年ころから全国でおこなわれるようになり、今では東京、大阪などの大きな都市では毎日のようにおこなわれています。

　1984年からの発掘調査により東京大学の構内で、江戸時代には

加賀の前田藩の屋敷だった広い敷地から、豪華な器や家具などの遺物が多く発見されました。東京大学の有名な赤門は、11代将軍の徳川家斉の娘が前田家にお嫁にいったとき、そのお嫁さんをむかえるために前田家が作った門なのですが、前田家がお金の力で立派な門を作ったようすは今も残る赤門からも知ることができます。日本でいちばん大きな藩だった前田家（百万石といわれた）の豊かなようすは発掘調査の結果でもうかがわれるのです。

　港区にある仙台藩・伊達家の屋敷からは、今の水道の給水管にあたる木で作った樋がたくさん見つかりました。江戸時代、江戸の町には玉川上水、神田上水、千川上水という3つの大きな水道が地下に作られていました。飲む水は木や石の樋を通して江戸市中に供給されていましたが、今でも世田谷区の博物館には発見されたりっぱな木の樋が展示されています。

発掘された加賀前田藩屋敷内の地下室（東京大学構内）

長崎の出島に復元されたオランダ商館

　さらに、1995年から始まった東京の汐留遺跡の発掘では大小の大名屋敷跡が見つかり、広い面積をもつ伊達家の屋敷跡からは石垣で作った全長210mというりっぱな船着き場や石組みでかこんだ、周囲が90mもある大きな池が発見されています。伊達家では藩邸内に藩専用の舟着き場を作っていますが、小さな藩の屋敷ではただ板で囲まれた土で固めた舟着き場しかないというように、おなじ藩屋敷でもその藩の規模によって大きな違いがあったことが、考古学の力ではじめて明らかになったのです。

　長崎の出島は、鎖国によって外国（中国・朝鮮・オランダはのぞいて）との貿易が禁じられていた江戸時代に、ただひとつ世界に向かってあいた窓口でした。発掘調査によって、オランダの船が運んできたヨーロッパやアジアの各地の品物が、オランダ商館の跡から発掘され、そのころの生活を知る手がかりになりました。

お父さん、お母さんのページ（第19話）

　かつて考古学は文字資料のない原始・古代が中心で研究されてきましたが、近年は中世史ばかりでなく、東京・大阪を中心に江戸時代の考古学も盛んです。

　城郭だけではなく、大坂の問屋街、博多の町割り、江戸の大名屋敷群など貴重な発見が相次いでいます。重要な点は、発掘調査の成果と文献資料との照合が可能だということです。

　1600年、関が原で天下分け目の合戦が行われますが、関ヶ原と同時平行で、西軍石田三成側についた上杉氏と東軍徳川家康側についた伊達・最上氏との間でも東北での戦いが繰り広げられていました。この戦いに関連して山形県庄内地方にある上杉方の亀ケ崎城跡の調査で、なまり玉（鉄砲弾）に付けられていた荷札木簡に「慶長5年（1600）」の年号と西軍側所属の武将名があり、美濃、瀬戸、信楽、中国製の陶磁器類と一緒に出土したのです。決戦直前の緊迫状況が感じさせられる大発見です。

　江戸時代に入ってすぐの1637〜38年に島原・天草の乱がおこります。この乱は、一般にキリシタンの乱といわれていますが、一方では領主の圧

発掘された原城の石垣

鉛の弾丸で作られた十字架

政・悪政に耐えかねた民らの一揆とみることもできます。農民たち約3万7000人が、1615年の一国一城令（領国内には一城しか認めないとする幕府の禁令）で廃城となった島原の原城に立て籠もり、1638年4月に落城します。乱後、城は徹底的に破壊され、籠城した農民たちの遺骸とともに石垣も埋められました。1992（平成4）年からの発掘調査によって、この原城破壊の状況が明らかになりました。石垣の角部は大きく破壊され、角石は全てはずされていましたし、本丸の門近辺には人骨や門瓦や石が建物の下に乱雑、乱暴に埋められていました。幕府側の遺恨がどれだけ深かったかわかる内容です。出土遺物には、刀傷が残る多数の人骨とともに鉛弾で作った十字架、ガラス製のロザリオなどキリシタン信仰に関係するものも多く見られました。

東京都内の発掘でも驚くべき内容が発見されています。江東区の旧一橋高校跡地発掘調査では、江戸の一般庶民の墓が大量に発見されました。遺骸は棺桶（樽桶）に埋葬されていましたが、その多くに梅毒や淋病といった性病痕があり、当時病気で亡くなった人の集団墓の可能性も指摘されています。当時の町人生活の一端が知れる成果でした。

江戸の水道の木樋

第20話
発掘される
明治・大正・昭和

　考古学の発掘は明治時代、大正時代、昭和時代のことについてもおこなわれます。

　2015年に世界遺産となった佐賀県の三重津造船所の発掘調査は、かなり以前からおこなわれていました。世界遺産として認められるためには、登録する建物や遺跡の調査をして、その内容をこまかく報告する必要があります。佐賀藩は江戸時代のおわりごろ、積極的に西洋の最新近代技術をとりいれようとして、近代的な大砲を作るのに必要な反射炉や三重津に造船所も作りました。このうち、反射炉は江戸幕府が江川太郎左衛門に命じて伊豆の韮山に作られせたものに負けないくらい大きなもので

伊豆の韮山に今も残る反射炉

124

汐留遺跡で見つかった新橋駅停車場の駅舎跡

した。また三重津の造船所は、長さが70mもあるドックをもつ大きなもので、これまでの調査ではドックのまわりをかこった木材や、木のくいが見つかっています。このドックでわが国で初めて蒸気船（凌風丸）が建造されました。

　これらの佐賀県の遺構と、福岡県と熊本県に残る明治時代に建設された三井三池炭鉱の石炭採掘坑建物群を合わせた「日本における近代化産業遺産群」は、2015年に世界遺産となりました。

　第19話でものべた汐留遺跡の発掘調査では、明治5年に日本ではじめて開通した鉄道の新橋駅停車場の駅舎やプラットホーム（長さ151m、幅9m）、転車台などが発見されています。また、日本にきた外国人が使っていたと思われる西洋皿やたばこのパイプ、乗客が使用した乗車券、汽車土瓶、鉄道職員が使用した工具類、電報用紙なども発見されています。

125

富岡製糸場の発掘

　明治の初めにフランスから最新の技術をとりいれて作られた群馬県の富岡製糸場も、2014年に世界遺産に登録されましたが、ここでも発掘がおこなわれ、1872年に開業したときの建物や倉庫などの大きさがはっきりとわかりました。フランス人の技術指導者が住んでいた家が、かなり大きく豪華なものだったこともわかりました。

　江戸時代のおわりごろ、それまでの鎖国がおわると外国の商人が多く来日して貿易をおこなうようになりましたが、神奈川県の横浜では山下町に外国人居留地という、これらの外国人がかたまって住む場所が作られました。この山下居留地の発掘では、耐火レンガやタイルなどが井戸や地下室などといっしょに発見されています。そのころ外国人が飲んだビールやラム酒のびん、たばこのパイプ、インクびんなどもたくさん見つかっています。このような開港後の外国人居留地の発掘は、兵庫県の神戸、北海道の函館でもおこなわ

れています。

　千葉県の習志野市には明治時代に旧日本軍の騎兵隊が置かれていましたが、その兵士たちのために1900年に作られた木造の兵舎の建物は、現在の東邦大学構内に残っていますが、この兵舎の跡を高校生を中心に発掘調査したところ、建物の土台がイギリス式のレンガでが組み立てられていることなどがわかりました。

　1945年、太平洋戦争の終わるすこし前、沖縄では上陸してきたアメリカ軍との戦いで多くの日本人が死にましたが、戦場に建てられた病院の跡が毎年発掘されています。戦死した多くの人の骨や医療器具などもたくさん見つかっており、悲惨な戦争のようすがうかがわれます。

　今からわずか70～100年前の遺跡も、発掘することでその姿がはっきりします。考古学の調査はこんなに近い時代のことを知るにも重要な方法となっているのです。

千葉県の東邦大学校内に残る旧日本軍騎兵隊の兵舎

お父さん、お母さんのページ（第20話）

　佐賀県の三重津造船所跡と一緒に世界遺産となった長崎県の軍艦島が大人気となっています。長崎港から10kmあまり、島にいく途中にはやはり世界遺産の三菱長崎造船所も見ることができます。正式には端島という海底炭田を掘削するための島ですが、昭和初期には東京以上の人口密度だったという近代的なコンクリート造りのアパート群が立ち並んでいました。今は1日に上陸できる人数を制限しているほどの廃墟島ですが、実際上陸してみると、かつての栄華を彷彿とさせます。

　1992年、広島市議会が、原爆ドームを世界遺産リスト登録することを求める意見書を採択しました。これをうけて慌てたのが国で、従来世界遺産に登録するのは、文化財保護法で文化財指定されているものと規定しており、その時点での指定は明治中期以前のものとしていたからです。しか

世界遺産に指定された原爆ドーム

し、その後 1993 年、市民団体からなる「原爆ドームの世界遺産化をすすめる会」が結成され、原爆ドームの世界遺産化を求める国会請願運動が活発化し、全国的な署名運動が始まりました。最終的には 165 万余の署名が集まりました。

　国はやっと重い腰をあげ、1995 年、指定対象を第 2 次世界大戦終結までとしたため、原爆ドームが史跡に指定され、1996 年にようやく世界遺産となりました。

　この原爆ドーム効果によって、現在では太平洋戦争終結までの近代遺産が史跡対象となり、発掘調査などが実施されるようになりました。なかでも、戦跡考古学、戦争考古学と呼ばれる分野が近年盛んとなり、北海道苫小牧や愛知県名古屋市内の高射砲陣地群、広島県や千葉県の特攻兵器「震洋」基地跡、鹿児島県知覧、福岡県太刀洗、埼玉県桶川の特攻隊出撃基地跡など、各地で戦争末期の遺構調査が実施されています。

　この流れは、国内だけにとどまらず遠くサイパン、グアム、硫黄島などまだまだ遺骨収集も十分に行われていない戦争末期の激戦地での調査が、わずかながらも進んできています。そして、旧満州とソ連との国境線「虎頭陣地」跡の発掘調査などその輪は広がっていますが、戦争を経験した世代が少数になっているため、今後どう展開するかは不明です。

　太平洋戦争以前の日清・日露戦争から第 1 次世界大戦までの旧軍関係遺跡の調査も、徳島県坂東の旧ドイツ兵俘虜収容所跡などを除けば、日の目をみていない例が多く、つい最近の「現代史」も埋没する可能性があります。考古学手法を使っての科学的な研究が進化しているのにもかかわらず、近代現代史の解明が進まないのが現状です。

第 21 話
密林のなかに発見された
大仏教寺院アンコールワット

　東南アジアの国カンボジアの首都プノンペンから 250km ほどのところにある遺跡が、世界遺産になっている「アンコールワット寺院」と「アンコールトム」です。

　このあたりには大小百以上の遺跡がありますが、なかでももっとも有名なのが、幅 190m もある堀で東西 1500m、南北 1300m の長方形に囲まれたなかに建てられたアンコールワット寺院です。アンコールというのはクメール語で都市という意味ですが、9 世紀にこのあたりを都として今のカンボジアに国を作ったクメール王国は、12 世紀になると 30 年以上の時間をかけてアンコールワット（ワットは寺院という意味）をヒンズー教の寺院として建設したのです。堀の外から幅 12m 長さ 240m 高さ

4mの陸橋をわたってなかに入るとほぼ中央に東西200m、南北180mの長方形の寺院の建物があります。陸橋のまわりには、「ヘビ」の形をした彫刻品があります。

　寺院には大きな5つの塔がありますが、まんなかのいちばん高い塔は高さが65mもあります。

　建物のなかにはいると、壁には王様の行列やヒンズー教の地獄と極楽を描いた図が1500点以上も彫刻されています。おもしろいことに、描かれた顔にはおなじものがまったくありません。なお、この寺院は、次の王様がヒンズー教から仏教に信仰をかえたため、それまでのヒンズーの神様の像を仏教の像に替えたりしたので、いまでは仏教関係の図も多くあります。

アンコールワット寺院の建物

このアンコールワット寺院の北にアンコールトム（トムは「大きな」という意味）があります。この遺跡は19世紀にフランスの研究者がジャングルのなかで偶然発見したもので、クメール王国の都だった都市です。1辺3kmの正方形に堀がめぐらされ、高さ8mの壁で囲まれています。中央にバイヨンという寺院があり、そこにはテラスがいくつもあって、それらの壁にはアンコールワットとおなじような仏像が描かれています。

　この都市にはいちばん栄えた時代には10万人もの人が住んでいたようで、運河や人工的に作られた湖もありましたが、最後は隣のシャム国の軍隊に攻め込まれて敗れ、国王たちはこの都市をすてて逃げていくことになります。

　ところで、このアンコールワット寺院には1632年、日本人で肥後国（熊本県）の武士、森本右近太夫が訪れ、この寺院のすばらしさについて12行もの文章を墨で壁に書いてのこしています。その文章には、父が亡くなったので、仏像4体をこの寺に奉納するためにここにきたと書かれています。このころ、東南アジア各地には貿易のためにやってくる日本人が大勢いて、日本人町とよばれる町を作ったりし

アンコールワット寺院の塔

ていたので、日本でもこの寺院のことを知っている人が多くいたと思われますが、この落書きはそのことを示しています。

日本ではアンコールワット寺院は古くからよく知られていましたが、1945年以後カン

アンコールトムのバイヨン

ボジアでは内戦の時期が長くつづいたので、多くの観光客がおとずれるようになったのは1990年ごろからです。今では、インドネシアにあるボロブドール寺院とならんで、東南アジアで日本の観光客が多く行く場所になっています。また、アンコールワット発掘調査の支援が日本によっておこなわれており、日本の専門家がカンボジア人に考古学の技術などいろいろ指導しています。

バイヨンの回廊

森本右近太夫が書き残した文章

お父さん、お母さんのページ（第21話）

　1945年まで東南アジア諸国はヨーロッパ列強の植民地として統治されており、アンコールワットのあるカンボジアも、ベトナム、ラオスとともにフランスの統治下にありました。西側のマレーシア、ビルマ（現ミャンマー）、シンガポールはイギリスの植民地で、中間のタイはフランスとイギリスの勢力圏が直接ぶつからないための緩衝地帯として独立が保たれていました。

　太平洋戦争中ベトナムは日本の占領地となりましたが、カンボジアは日本の敗戦を契機に1949年フランスから独立します。独立以前からフランス極東学院が中心となってアンコールワットの修復作業が継続されていましたが、カンボジア内戦がおこると1972年にはフランスも作業を撤収します。その後、この場所が高台で周囲を掘で囲まれていたこともあって、防御陣地として好適地となり、クメール・ルージュと呼ばれる共産勢力は

三島由紀夫の戯曲で有名なアンコールトムのライ王のテラス

この地を破壊し、神像などは敷石にされました。その後の内戦でも、戦闘最前線となったのですが、さすがに貴重な歴史遺産ということから強力な重火器を使う戦闘は自粛されたようです。そのため、現在でも建物壁面にいくつも銃弾跡を見ることができますが、修復作業のなかで往時の姿を保ちつづけています。

クメール王国では、王の後継は血統で継ぐ形はとらず、決闘などで決した実力者が後継者となるというめずらしい形態のものでした。そのためアンコールワットの建設者であるスールヤヴァルマン2世はヒンズー教を厚く信仰し自らをシヴァ神・ヴィシュヌ神の化身と考えていましたが、つぎに王位についたジャヴァルマン7世は熱心な仏教信者だったため、この寺院も仏教寺院に変更され、ヒンズーの神像も観音菩薩仏のような仏像に替えられました。

さて、江戸初期の寛永9（1632）年正月にこの寺院にやってきた森本右近太夫ですが、父の儀太夫は加藤清正の家臣として朝鮮出兵にも従軍した人物で、その父が亡くなったことからその菩提を弔い、母の長寿を祈念するため、渡海してこの地に巡礼にきたようです。しかも、3代将軍家光の命令によりカンボジアを訪れた長崎通事の島野兼了は、この地が仏教でいう理想の仏教界である祇園精舎と錯覚して、細かな記録を遺していることから、森本もまたこの寺院を祇園精舎と思って訪れたように思われます。

近年は、ユネスコを中心に修復作業が各国の支援によって実施されており、日本も奈良国立文化財研究所や上智大学が精力的にこの事業を援助していますが、内戦時に埋められた地雷の除去が最大の課題として残されています。イギリスの故ダイアナ妃がこの除去作業に尽力したことはよく知られています。

第22話
発掘調査って
どのようにやるの？

　考古学で発掘調査をする場所を遺跡といいますが、遺跡は世界中どの地域にあります。すでにお話ししたエジプトのピラミッドのように、地面の上にあらわれている古代の王の墓も遺跡です。今のメキシコにむかし栄えたマヤ文明でも、密林のなかにいくつものピラミッドが残っています。ヨーロッパには、ローマ時代の遺跡で地面の上に石の建物の一部が残っているものもたくさんあります。

　しかし日本では、ほとんどの遺跡は地面を掘り下げないと見つかりません。古墳のように土が山になっているものもありますが、それも土を掘らないとほんとうに古墳かどうかはわかりません。そのように日本では、考古学は土のなかに眠っている遺物や建物の跡を探し出し、古い時代のようすを見つけ出す研究なのです。

　今、日本で1年間におこなわれる発掘調査の数は、2016年には7000件くらいでした。1日に20カ所ほど新しい発掘が着手されていることになります。ではどうしてこんなにたくさん遺跡の発掘調査をするのでしょうか。

　1949年、奈良県の法隆寺で金堂の壁画（国宝）が全焼する事件がおこりました。これをきっかけに、国は1950年に文化財保護法という法律を制定しましたが、この法律には、建築物、仏像、壁画など地上にある歴史的な物と並んで、遺跡や遺物など地下に埋まっ

ローマ市内に残るローマ時代の遺跡

ている物(埋蔵文化財という)にたいする保護もさだめられたのです。そして現在では、この法律によってビルを建てたり道路や鉄道の工事をする時には、前もってその場所を発掘調査しなくては開発や工事をしてはならないことになっています。

では、遺跡はどのようにしたらわかるのでしょうか。

むかしは、農作業や工事の時に偶然、土器や石器や木器などが発見され、そこに遺跡があることがわかるのがほとんどでした。しかし、今では道路工事や宅地の開発工事で偶然見つかる以外に、みなさんの近くの畑や台地を人間が歩いて遺物や遺跡が地中に眠っている地点を探す、埋蔵文化財分布調査と呼ばれる地道な活動や作業がこつこつとおこなわれ、遺跡地図が作成されているのです。その成果、たとえば東京都では1970年ごろには3600カ所もの遺跡が登録されており、今ではグーグルなどの地図機能がすすんでいるので、さらに多くの遺跡が見つかっています。

道路工事などで偶然見つかるばかりでなく、あらかじめ遺跡があることのわかっている場所で工事がおこなわれる場合には、とうぜん発掘調査がおこなわれます。発掘は遺跡の規模や内容によって、まず遺跡の範囲と内容を確認するために「トレンチ」とよばれる幅2〜4mくらいの溝を何本かあるていどの深さまで掘り下げる方法か、「グリッド」とよばれる1辺が2〜4mの正方形の穴を碁盤の目状にいくつか掘るやり方がとられます。こうしてその遺跡の大体の状況を調べ、それから本格的な発掘がはじまります。

　発掘調査を実施することになると、まず遺跡とその周辺の測量調査をおこない、遺跡の正確な地図を作ります。発掘調査の結果をきちんと調査報告書として残すためです。

　そしていよいよ表面の土を少しづつはぎとりながら、徐々に下のほうに掘り進みます。発掘調査によっては表面から地下1mには江戸時代の大名屋敷跡、その下には鎌倉時代の道路跡、そしてその下には古墳時代の竪穴式住居跡、さらに地下4mには旧石器時代の生活跡が発見されることなどもあります。

　遺跡の調査結果によっては歴史的に重要な遺物などが発見された場合には、新聞などで大きくとり上げられることもあります。第15話でお話しした奈良県の飛鳥池遺跡で日本でもっとも古い富本銭が発見されたこともそのひとつです。

　発掘調査はただ掘るだけではありません。遺跡の図面や写真記録を細かくとって保存しますし、遺物は1点1点、出土地点と高さ、出土状況を「実測」してこれも記録として保存します。そうすることによって、たとえその遺跡が建物の建設などのために失われても、その後の研究に役立つようにするのです。

138

発掘のようす②(記録写真をとることも大切)

お父さん、お母さんのページ（第22話）

　発掘調査の現場を近くで見る機会はあまりないかもしれませんが、今では公立学校の土曜日休みにリンクして、遺跡の現地説明会が開催されています。1998年、奈良県天理市の黒塚古墳で三角縁神獣鏡が30面以上も発見された際は、現地説明会の日にJRが臨時列車を出すほどの騒ぎとなりました。2014年には千葉県市川市の雷下(かみなりした)遺跡で「日本最古の縄文丸木舟」発見という遺跡説明会が、2016年にも千葉県流山市鰭ケ崎(ひれがさき)の三本松古墳という前期の前方後円墳の説明会が開催され、多くの見学者が訪れました。

　ところで、1年間に何千件と行われる発掘調査のなかには、わずかではありますが大学や研究機関、博物館が実施する学術発掘調査があります。これは、考古学研究を専門とする大学教授らが、自分のテーマに従って発掘調査地点や遺跡を探して実施するもので、本来の発掘調査の姿と言えましょう。自分のテーマに沿った遺跡を何年間も継続して調査するのですが、こうした発掘調査には多額の費用がかかるので、そのためには国や他機関

雷下遺跡出土の丸木舟

からの資金援助が必要になります。

こうした学術発掘調査に限るわけではありませんが、とくにこうした調査においては発掘よりも出土した遺物の整理作業、および調査報告書の作製が重要なのです。行政機関が行った発掘調査ならば、発掘成果をより多くの人びとに知らしめることも大事です。2012年10月に東京国立博物館で「出雲展」が開催されましたが、この特別展示の目玉は、1984（昭和59）年に島根県の荒神谷遺跡で発見された「弥生時代の銅剣」と1996（平成8）年に同県の加茂岩倉遺跡で発見された「弥生時代の銅鐸」が修復されて展示されたことです。その横にはかつてはこのような色調と大きさであったと推測されるレプリカが置かれており、金色に輝く剣の表面や鋭い剣先のようすは見学者に大きな驚きと感動を与えました。

大阪府安満遺跡（弥生）の見学会

この両遺跡は発掘調査中から全国的に注目され、それ以降の整理・修復作業にもかなりの費用が付きましたが、一般には遺物整理作業にまで充分な費用が付くことはありません。そのため、遺跡から出土した遺物全てに十分な整理作業の手が入ることはあまりありません。それでも、全国の埋蔵文化財センターや博物館には多くの遺跡から出土した遺物類が石器、土器、木器など分野毎にまとめられて整理・保存され、いつか研究の役に立つことを夢に見ているのです。

第 23 話
今から何年前って どうしてわかるの？

　遺跡を発掘して見つかる遺跡や遺物が今から何年前のものだと、どうしてわかるのでしょうか。

　考古学者はずっと、おなじ縄文土器でも古い土器と新しい土器のちがいを形や文様でくべつして、年代の差をきめてきました。たとえば縄文時代の遺跡を発掘した時に、上のほうの土から出てくる縄文土器と下のほうの土から出てくる縄文土器では、ふつう下のほうの土器が古い時代のものと考えられます。そしておなじ時代ではどの遺跡でも似たような土器が出てくることが多いのです。そうやっていくつもの遺跡から出てきた土器を並べていくと、全体でどういう時代順にどういう形の土器が並ぶかがわかります。そうやって決められた土器の順番にあてはめて、その古さ、新しさを何年もかかって決めてきました。

いろいろな大きさの貨泉（右端の貨幣の大きさは直径2.4cm）

池上曽根遺跡に復元された大型の建物

　しかしこれでは今から何年前かはハッキリわかりません。

　今から2000年前、中国に「新(しん)」という国ができましたが、この国では「貨泉(かせん)」という貨幣(かへい)を作りました。この国はわずか15年でほろんでしまうのですが、この貨泉は日本の弥生(やよい)時代の遺跡からときたま発見されます。そうすると、このお金が発見される遺跡は今から約2000年前の遺跡ということになります。このようにハッキリと年代がわかる物が発見されれば年代決定はかんたんですが、こんな遺跡はひじょうにまれです。

　そこで、最近ではどんどん進歩している科学によって「C14放射(ほうしゃ)性炭素年代測定法(せいたんそねんだいそくていほう)」「年輪年代測定法(ねんりんねんだいそくていほう)」などの最新の年代測定法を使うようになりました。

　C14放射性炭素年代測定法というのは、物のなかに含まれている炭素14（C14）が5730年で量が半分にへるという性質を利用した

ものです。つまり、発見された土器などに残っている炭素14の量を調べれば、その土器が埋められてからどのくらい時間がたったかがわかる、というしくみです。新しく作られた土器ならC14を100もっているはずが、50しかもっていなかったなら、この土器は約5730年前に埋められた、ということになるのです。

　つぎに、最近注目されているのが「年輪年代測定法」です。1996年、新聞が「弥生時代の実年代確定」と報道しましたが、これは大阪府の池上曽根遺跡で発見されたヒノキの柱の年輪年代を調べたところ、この木材が〈紀元前52年〉に切り出されたことがわかったという記事です。近くに弥生時代中期後半の土器もいっしょに出土しました。それまでの研究では「弥生時代中期後半」というのは紀元後1世紀代（今から2100〜2000年前）と考えられていたので、もしこの発表が正しければこれまでと50〜70年ズレがおこることになります。

　この方法は、ひとつの地方ではおなじ種類の木材ならばおなじような年輪が作られるという性格を利用したもので、この年輪の作られ方の標準的なパターンを調べておけば、その地方で切り出されたおなじ種類の木材に関しては年代確定ができるわけです。日本では1980年ころから研究がすすみ、現在までにヒノキ・スギ・コウヤマキなどの標準パターンが数百年から数千年間にわたって作られています。したがってこの3種類の木材については年輪を見れば、切り出された年代が測定できるのです。この方法が法隆寺の再建・非再建論争にも影響をあたえたことは第14話でお話したとおりです。

お父さん、お母さんのページ（第23話）

　旧石器捏造事件のとき、なぜ石器の年代が測定できないのかが問題となりました。最新科学ではその研究も進んでいます。

　2003（平成15）年、岩手県の金取遺跡で約8～9万年前の旧石器が発見され、さらに長崎県の入口遺跡でも確実に8～12万年前と思える旧石器が確認されたとの報道がありました。

　入口遺跡では石器3点を「光ルミネッセンス年代測定法」（石英・長石など鉱物に光を照射して発光するルミネッセンスが被爆した放射線量に比例する性質を使った年代測定法）で分析し、この数値を発表したのです。実は、捏造事件の現場となった宮城県の上高森遺跡でも、捏造石器が発見された土層自体は複数の自然科学的年代測定法でクロスチェックされ、何十万年前の土層と認定されていたのです。クロスチェックとは複数の方

さまざまな方法で遺物を分析する

法で年代幅を出し重なる部分だけを採用するやり方です。たとえばA法で今から75～50万年、B法で50万年～57万年前、C法で凡そ50万年前±5万年と出たら、今から55～50万年前に収斂することになります。2003年の2件は出土した土層の年代だけでなく、石器自体の年代測定にも厳密さを求めた結果でした。

　一方、自然科学分析は金属製品の産地研究分野にも進んでいます。大量の銅剣が出た島根県の荒神谷遺跡や、大量の銅鐸が出た同県の加茂岩倉遺跡出土の青銅製品は「鉛同位体比分析法」で産地が推定されましたが、これは、青銅製品内に残る鉛などの分析を主要な鉛鉱山産出の鉛の分析比と比較することで、対象の青銅品がどこの鉛を使って製作されたかを推定するものです。この分析では上記の遺跡から出土した358本の銅剣の原材料銅は中国大陸山東半島からの輸入品という結果がでています。発掘調査当時から、これだけの大量の青銅品は一体どこで製作されたのか大きな疑問でしたが、原材料が中国大陸産となると、鉱物資源のまま日本列島に持ち込んだのか、製品として持ち込んだのか新たな問題となります。

　おなじような分析法は鉄器についても実施されています。それは「微量元素分析法」と言われるもので、鉄器内に含まれるアルミニウム、ナトリウム、マンガン、チタン、ヒ素などの微量元素についてその構成分析をすることで産地同定を行うものです。

　また、微量な元素に関しても「中性子放射化分析法」でかなり微細に測定できるようになりました。この分析法に関連する有名なエピソードが、セントヘレナ島で死んだナポレオンの毛髪を中性子放射化分析したところ、通常より異常に高いヒ素が検出されたというのです。彼が生涯ヒ素中毒に悩まされていたことがわかったため、何者かによる毒殺説も出てきました。

　鉄器に残るさまざま微量元素の内、ヒ素やアンチモンは鉄器が錆びていても検出可能な元素です。そこでこの比率を分析すると、3～6世紀の鉄器は朝鮮半島産の鉄鉱石を使用して製作されたことがわかります。この時期の鉄器生産はほとんど朝鮮半島に依存していたのです。

第24話
むかしの人はどれくらい遠くまで移動してた？

　旧石器時代や縄文時代の遺跡を発掘すると、その地方ではほとんど見られない石や貝が発見されることがときどきあります。「黒曜石」という火山が噴火したときにできる石があります。黒くてかたく、割るとガラスのように薄くすきとおったかけらになり、刃物として使われたようです。黒曜石は日本各地の遺跡で発見されますが、この石は噴火した火山ごとに特徴があって、科学的分析をすることでどこの火山でできたものかがわかります。富士山の噴火でできた黒曜石と、鹿児島県の桜島の噴火でできた黒曜石でははっきり違うのです。そのため、関東地方の旧石器時代や縄文時代の遺跡で

黒曜石の破片（右の2つは石器に加工した跡が見える）

発見された黒曜石が、長野県の八ヶ岳や伊豆の八丈島でできたものであることがわかっています。

　また北海道や東北地方、関東地方などの縄文時代の遺跡から沖縄のような南の海でとれるタカラ貝、イモ貝、オオツタノハ貝が発見されたりします。

　では縄文時代の人はどのようにしてこれらの貝を運んだのでしょうか？

　それはやはり舟です。「丸木舟」とよばれる古い時代の木の舟がこれまでに400隻以上、全国の遺跡で発見されています（そのうち約160隻が縄文時代の舟です）。これまでに発見されている場所は、島根県の宍道湖周辺、福井県の若狭湾周辺、滋賀県の琵琶湖周辺、宮城県の仙台湾周辺、そして千葉県です。最近では、東京都の中里貝塚でも完全な形の丸木舟が発見され、マスコミでもとりあげられました。

　千葉県でこれまでに見つかった縄文時代の丸木舟は約70隻で、全国一です。県内のいろいろな場所で発見されていますが、なかでも銚子の南の旧椿海周辺地域では約50隻も見つかっており、このあたりでは丸木舟がさかんに使われていたことがわかります。さらに、この旧椿海周辺では丸木舟が見つかった場所がほぼ海抜4mくらいであることから、縄文時代ころの海岸線は今より4mくらい高かったのではないかと考えられています。

　旧椿海周辺で発見される丸木舟をよく見ると、遠く太平洋に乗り出すこともできるような大きな舟と、川や海岸の近くで使用したような小型の舟とがあります。縄文人は使い方によって舟の作りかたも分けていたようです。いろいろな遺跡で発見される遠い地方の産

鳥浜貝塚で発見された丸木舟

物を見ると、古代の人びとはこのような丸木舟を使い、自分の土地でとれた産物をもって何百kmも離れた島まで出かけていき、そこの産物を持ち帰ったのでしょう。

　若狭湾周辺では、福井県の鳥浜貝塚(とりはまかいづか)で縄文時代前期の長さ6mの丸木舟が櫂(かい)といっしょに発見されました。C14放射性炭素年代測定法でしらべたところ今から5500年前のものだとわかり、これは日本で発見された丸木舟としてはもっとも古いとされました。ところが、2014年に千葉県の雷下(かみなりした)遺跡(いせき)で発見された長さが7m、幅が50cmの丸木舟はそれより約2000年も古いものだとわかり、大ニュースとして報道されました。やはり千葉県が丸木舟のチャンピオンのようです。

お父さん、お母さんのページ（第24話）

　1948（昭和23）年、千葉県安房郡丸山町の加茂遺跡で慶応義塾大学が発掘調査した結果、丸木舟2隻が木製の櫂6本を伴って出土しました。丸木舟は現存長4.8m、幅60cm、ムクノキ製の割竹形でした。

　ところで、興味深いのは大学関係者がこの時に出土した舟や櫂の1部を当時実用段階としてはまだまだ初期であったC14放射性炭素年代測定法にかけるため、わざわざアメリカまで資料を送付したことです。まだ、占領下だったにもかかわらずこのような処置をしたことは、大変な英断だったといえます。しかもその結果今から約5100年前という数値が示されて、日本における縄文時代の実年代がはじめて提起され、学界に大きな衝撃を与えることになります。それまで縄文時代はせいぜい今から3000〜4000年前くらいと考えられていたのです。

　実は、加茂遺跡発掘調査の前年の1947（昭和22）年、千葉市検見川の泥炭地（現在の検見川東大グラウンド、落合遺跡とよばれていた）から偶然丸木舟が1隻、付近の人によって発見されていました。慶應義塾大学が翌年発掘調査を実施した結果、合計3隻の新たな丸木舟が出土し、このとき一緒に出土した櫂に刻まれた絵が独特の図柄だったことから縄文後期〜晩期の土器に見られるおなじような図柄と推定され、はじめて丸木舟の使用年代が具体的に示されたのです。

　この遺跡からは、さらに1961（昭和36）年、新たな丸木舟破片とその舟底から3個のハスの実が一緒に発見されましたが、後日この実を大賀博士が鑑定し古代のハスの実と断定。その後、博士は丹精込めてこの実を開花させることに成功し、現在では全国各地にこの大賀ハスが配布されて美しい古代の花を咲かせています。毎年7月、地元では古代ハス祭りを開催し、大賀博士の偉業を称えています。

　一方、青森県の三内丸山遺跡の出土品で、縄文人が遠隔地と交易・交流をしていたことを推測させる証拠として注目されているのも丸木舟です。

大賀ハスの発見地に作られた記念碑

同遺跡からは、遺跡の周辺では産出されないコハクや黒曜石、ヒスイなどの石製品、また南海産のイモ貝を模した土製品が多数出土していることが注目されています。これらの遺物を化学分析すると、ヒスイの原石は直線にして約400キロも離れた新潟県の糸魚川周辺、コハクの原石は約100キロ離れた岩手県の久慈周辺、また鏃（矢じり）の固定に使われたアスファルトは約120キロ離れた秋田県から、それぞれ運ばれてきたたことがわかりました。これらのいくつかは丸木舟に乗せて、海路はるばる運ばれてきたものと思われます。

第 25 話
考古学によって
地震の予測もできる！

　日本には火山が多く古くから各地で火山の噴火がおこり、また大きな地震にも見舞われてきましたが、こうした火山の噴火や地震の跡が考古学の研究であきらかにされています。

　群馬県の黒井峯遺跡を発掘調査したところ、なんと遺跡全体が6世紀に近くの榛名山が大噴火して、ふりそそいだ火山灰によって覆われた古墳時代の集落の跡でした。全体が火山灰で覆われているため地中レーダー探査法で調査すると、火山灰に埋もれた竪穴式住居や、関東地方ではめずらしい平地式住居などが多く発見されたのです。

　また住居の土間にあたる部分の土を「残留脂肪酸分析法」という方法で調べたところ、牛か馬の動物脂肪酸が発見されました。この遺跡の近くではおなじころの古墳から馬型の埴輪が発見されているので、馬を飼っていたことが想像されますが、この建物は牛や馬を飼っていた納屋だったのではないかと考えられています。古くから牛や馬が今のように飼われていたことがわかったのです。この遺跡では、家と家をむすぶ道や畑の跡も発見されており、まさに「日本のポンペイ」だといえます。

　さらにおなじ火山の噴火による大発見が2012年、群馬県の金井東裏遺跡でありました。やはり古墳時代の6世紀初めに噴火した

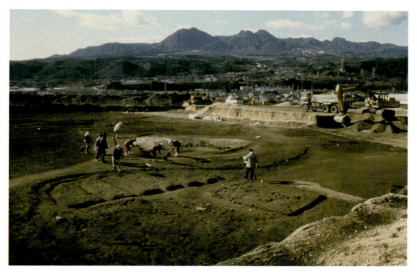

発掘された黒井峯遺跡の畑

　榛名山の火山灰に埋まった状態で、ヨロイをつけた一人の男性の人骨と乳児の骨が見つかったのです。人骨は噴火する山のほうを向いて立っていたような姿で発見され、身につけたヨロイは背中側だけ残っていました。いっしょに頭の骨が発見された子どもとこの男性は親子だったようで、なぜ男の人が戦争でもないのにヨロイをつけていたのか、なぜ山の方に向っていたのかなどはナゾです。

　地震の跡も多く発掘されています。1995年1月に阪神淡路大震災、2011年3月に東日本大震災、2016年5月に熊本地震と、日本では最近だけでも大きな地域で地震が各地におこっていますが、阪神淡路大震災がおこる以前から地震考古学とよばれる、遺跡に残る地震の痕跡を探して今後にくる地震に備えようとする研究がおこなわれていました。

　遺跡で見つかる地震の跡には、土のなかに地下水があると地震で

液状化現象という水がふくれあがった跡、砂が上の土に水とおなじようにふきあがる噴砂の跡、地震の振動が古墳や家のなかを横切る活断層の跡など、いろいろあります。なかでも活断層の跡については、これまでにおこった活断層の跡が遺跡で発見されれば、その地域では何年くらいで大きな地震がおこるかが予想できます。考古学の発掘調査が地震予知につながるのです。そこで、全国の考古学研究者がこれまでの全国の地震跡をまとめたところ、40都道府県の378遺跡で地震跡が発見されたのです。

　これらの報告では869年（平安時代）に貞観地震が東北地方でおこり、大きな津波がおしよせたことがわかっていました。そうしたことから東北地方にやがて大きな地震や津波がくることが予想されていたのです。もしその研究結果がいかされていたら、もっと東日本大震災にたいする備えができていたでしょう。とても残念です。

金井東裏遺跡で発見されたヨロイをつけた人骨

お父さん、お母さんのページ（第25話）

　いわゆる火山考古学は、これまで主に火山灰を分析しその年代やどこの火山の噴火かを解明してきました。群馬県ではこうした調査の蓄積により、約5万年間の火山灰層から3万年前の姶良火山灰層（鹿児島県）、7300年前の鬼界アカホヤ火山灰層（同前）、6世紀初頭の榛名山火山灰層、そして1783年の浅間山火山灰層まで把握しており、これら火山灰層が年代測定の指標になっています。そこで、黒井峯遺跡では火山灰に埋もれたムラの全貌を歴史的に明らかにし、また金井東裏遺跡では古代人が火山爆発にどのように対応をしたかをみてとることができたのです。

　一方、大震災にたいする考古学については2つのことが明らかとなりました。ひとつは地震考古学にたいする一般の関心の薄さです。すなわち、地震考古学の成果はかねてより東北地方における大地震の予測警鐘を鳴らしていたのですが、役所も電力会社もそれを無視したために深刻な原発災害をもたらし、「歴史に学ばざる者は愚者」という諺を実証したのです。

　もうひとつは地震後の混乱状況が収まるにつれ、復興にむけて崩壊した都市部から郊外への移転事業が計画されましたが、この事業に伴って郊外の家屋建設予定地をはじめ崩壊地の再興建設地の埋蔵文化財調査が重要な課題となってきた点です。文化財保護法はすでに存在の知られている遺跡での開発行為にたいしては調査を義務づけています。移転地となる台地上や高地上には埋蔵文化財が多く包含されており、該当する遺跡数がかなりの数となっています。こうした状況を打開するため、文化庁は非常手段として他府県への埋蔵文化財調査員派遣という臨時措置を阪神淡路以来、全国的な規模で実施してきました。この措置は埋蔵文化財調査の進捗に貢献しただけでなく、その後現地で交流した他県どうしの埋蔵文化財担当者間の連携を模索する動きへとつながり、考古学関係職員の横の連絡状況を向上させました。しかし、遺跡の調査数の増加にスタッフ数が追いついていないのも事実で、それが東日本の復興が遅れている遠因ともなっています。

おわりに
考古学は
こんなにおもしろい

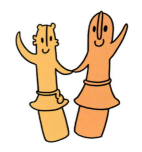

　考古学は文字の記録がない時代をしらべる方法として地下から出てくる土器や石器を手がかりにしておこなう学問です。そこで、出てくる土器や石器が今から何年くらい前のものかを決定することが重要になります。

　第２話でお話ししたように2003年、千葉県佐倉市にある国立歴史民俗博物館が放射性炭素（C14）年代測定法によって、弥生時代のはじまりはこれまでの考えより500年早くなる、と発表しましたが、もしそのとおりならば、弥生時代のはじまりは今から3000年前ということになります。この発表にたいしては賛成する人と反対する人がいて大騒動になりました。弥生時代のはじまりが500年古くなれば、当然その前の縄文時代や、弥生時代に続く古墳時代についても大きな影響を与えることになります。その結論はまだ出ていません。

　このように考古学はいくつも問題をもっています。日本にいつごろから人が住みはじめたのか？　これも世界の人類誕生とつながる大問題です。本書の30ページでも紹介した、最近、沖縄県の石垣島で発掘された人骨がヒントになるかもしれません。

　第２話でお話ししたように、縄文土器は世界でもっとも古い土器のひとつといわれていますが、弥生時代が古くなれば当然、縄文時

代も古くなるので、ほんとうの年代はいつなのかは、これから解決しなければならない問題です。

　邪馬台国の卑弥呼の問題もまだ未解決です。むかしからこの問題の解決のカギは考古学、と言われてきました。奈良県の纏向遺跡の発掘調査がすすんでいるので、この問題は早く結論がでるかもしれませんが、まだまだわかりません。

　あの大きな古墳はいったい、誰がさいしょに、いつ造ったのか？世界でいちばん大きな墓といわれるエジプトのピラミッドよりも面積が大きい大仙古墳（仁徳天皇陵古墳ともいう）を今世界遺産に登録しようとしていますが、誰が埋葬されたのかはわかっていません。

　奈良の都の平城京よりその前の都の藤原京が大きいことがわかりましたが、なぜ前に作った都のほうが大きかったのか、その理由はわかっていません。

雲の上に建つ竹田城の城跡

157

織田信長がつくった安土城の発掘がすすみ、この城がどれほど大きいかわかりましたし、全国の城が発掘によっていろいろわかってきています。天空の城といわれている兵庫県の竹田城も、テレビで有名になった真田丸や大坂城もそのひとつです。地震でこわれた熊本城も復元のためには考古学の力が必要です。
　江戸城の天守閣は火事で焼け落ちましたが、復元しようという話もあります。もし、復元することになれば考古学の調査結果がおおいに役立つはずです。また、明治時代の発掘も全国でさかんにおこなわれていますが、世界遺産をめざしているものもあります。そのとき考古学の調査が必要なものもたくさんあります。
　このように、考古学はみなさんの近くでいろいろな役に立ち、ひとつの石器や土器のかけらが歴史を変える興味深い学問なのです。この本を読んですこしでも多くの人に考古学に興味をもってもらえればと思います。

お父さん、お母さんのページ（おわりに）

　皆さんの近くにもし発掘現場があれば、ぜひお子さんといっしょに見学してください。また、夏休みなどに各地の博物館、資料館で開催している「土器づくり」「火おこし」「勾玉づくり」などの行事にも参加してみてください。わずかな材料費を負担するだけで、古代人の気分を体験して、考古学への興味がぐんとふかまること請け合いです。

　いまは、「指定管理者制度」といって博物館の運営を民間業者に委託するケースが増えており、委託されたのが積極的な業者だと、さまざまな工夫をこらしたダイナミックな展示が期待できます。古色蒼然たる、カビくさくほこりっぽい博物館は、ポップで、カラフルな、アートなミュージアムに変わりつつあるのです。

　子どもたちが読める考古学関係の本もいろいろ出されており、カラフルでわかりやすい本や雑誌は大人が読んでも楽しいものです。いまは検定ブームのようですが、考古学にも「考古検定」があります。年1回ですが、小学生の受験者もいるそうです。

　また、高校に進んで考古学をやってみたいと思ったら、本格的な考古学クラブのある学校もあります。将来プロの考古学者にならなくとも、考古学に強い関心を持ち続けアマチュア研究者として余暇を楽しめれば、人生を豊かにすること請け合いです。邪馬台国について言えば、民間の研究者を中心とする全国規模の研究会も開催されるほどです。カルチャーセンターの考古学部門は邪馬台国関係でなくとも根強い人気を集めていますし、東京のカルチャーセンターに毎週、浜松や高崎から通ってくる人もいるくらいです。

　ところで、日本列島にはいつごろから人が住んでいたのでしょうか？

　現在、人類は750万年以上前に地球上に出現し、やがてアフリカ大陸から世界各地に拡散していったと考えられています。日本列島でも、今から

約10〜5万年前ごろになると大陸から氷結している対馬海峡などを渡ってやってきたようです。この渡来した人類がもたらした文化が、いわゆる旧石器文化です。

ですが、かつては日本には旧石器文化は存在しないと考えられていました。その理由としては、日本列島が火山島であり、その火山灰層の上から縄文土器が発見されるので、それ以前の火山活動が活発な時代にはとても人類が生活できる環境ではなかったと考えられていたためです。

縄文時代より前の時期、日本に旧石器文化があったと考えられるようになるのは1946（昭和21）年、相沢忠洋氏が群馬県笠懸村岩宿の切通しで赤土のなかから1片の石器を発見したことに始まります。従来この赤土＝関東ローム層（今から約2万5000年前ごろに生成された）は火山灰土なので、人間が生活できないと考えられていた環境に、明らかな人工物の石器を見つけたことは大変なことだったといえます。

相沢氏は、この石器の鑑定を東京の大学に持ち込んだところ、何人かの若手研究者が興味を示しました。ですが当時、東京の考古学研究者は静岡県登呂遺跡の発掘調査にかかりっきりだったので、岩宿遺跡に初めて本格的な考古学調査のメスが入るのは1949（昭和24）年のことになります。発掘調査が始まってすぐに、研究者らは間違いなく「旧石器」を発見します。その時、現場から東京の大学研究室に打たれた電報には「ハックツセ

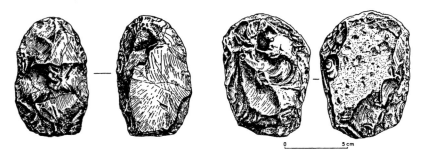

相沢忠洋氏が岩宿で発掘した旧石器

イコウ　タダナミダノミ」とあり、この発見がいかに大発見であったかを
物語るエピソードといえます。

　その後、全国的に遺跡数が増え石器の遺物が蓄積しだすと、この時代の
呼称をいかにすべきかかという問題が学界に巻き起こります。つまり、戦
前から研究が始まっていたヨーロッパの旧石器文化と内容的にも質的にも
同種類と考え、世界史的に共通の「旧石器時代」とすべきとする考えと、
この時点で日本各地で発見される石器のなかにはヨーロッパの旧石器遺跡
には存在しない磨製石器を伴う例が多いことから、これらは日本独自の文
化であると考え、土器出現より前の時代ということで先土器時代とか無土
器時代、先縄文時代とすべきなど、さまざまな議論がたたかわされました。

　岩宿遺跡での発見、それにつづく発掘調査以降、各地で同様に古い時期
の石器を伴う遺跡が多数発見されるようになります。

　やがて 1970 年代になると、宮城県などの発掘調査を契機に、日本列島
における前期旧石器が今から 30 万年前〜50 万年前というアジア大陸の北
京原人段階に匹敵するほどの古い時期に一挙になっていきます。しかしそ
のさなか、大変ショックな事件がおきました。2000（平成 12）年 11 月、
新聞は大きく「旧石器ねつ造事件」の記事・写真を掲載しました。日本に
70 万年以上前の前期旧石器文化があることを証明した宮城県上高森遺跡
の石器が、じつは調査団の副団長の捏造であったことを報じたのです。

　この事件後、日本考古学協会は 4 年という時間を掛けて疑惑の遺跡を全
て調べ、その結果、彼が関与した遺跡から出土した石器は全てが捏造と結
論づけられました。これが、いわゆる「旧石器ねつ造事件」ですが、この
ことでこの時代の研究には大きな遅れが生じました。

　近年になって、やっと長野県竹佐中原遺跡で後期旧石器でも古い 70 点
以上の石器群が発見されました。この発掘調査では調査の進行状況を逐一
ビデオで撮影し、土層のチェックにも細かな自然科学方面の助けを受けて
進められましたが、土器群も出土せず、石器群の特徴が後期旧石器とは異
なることから、いわゆる後期旧石器時代よりも古いものと言えるようです。

161

一方、長崎県入口遺跡や岩手県金取遺跡でも明確に中期旧石器時代に属する（今から約5～9万年前）石器群が発見されました。

　かくして現在では、今から約5～10万年前の中期旧石器時代ぐらいまでは、ほぼ間違いなく日本列島に旧石器人が生活していたと考えられています。とはいえ、捏造事件は先述の「旧石器」積極呼称派に連なる人物が引き起こしたものであったため、事件以来「旧石器」懐疑派による新たな攻撃もおこりました。いずれにせよ、この学界をゆるがした不幸な事件の余波はまだおさまってはいません。

1976年から2015年までの発掘調査件数の推移

写真提供・撮影者等一覧

p.7　**復元された草戸千軒遺跡の町並み**　広島県立歴史博物館提供

p.11　**ギザの大ピラミッドとスフィンクス**　藤本強氏提供

p.16　**大森貝塚の記念碑**　著者撮影

p.17　**古い時期の縄文土器**　著者撮影

p.18　**西アジアの古い土器**　古代オリエント博物館　野村淳氏撮影

p.19　**大湯遺跡の環状列石**　鹿角市教育委員会提供

p.20　**チカモリ遺跡公園に復元された円形木柱遺構**　金沢市教育委員会所蔵

p.21　**伊勢堂袋遺跡**　北秋田市教育委員会提供

p.22　**真脇遺跡で見つかったイルカの頭の骨**　石川県能登町教育委員会提供

p.23　**縄文人が食べていた魚や貝の割合**　「発掘いちはらの遺跡2号」（市原市教育委員会発行）参照

p.24　**三内丸山遺跡**　青森県教育庁文化財保護課所蔵

p.25　**東名遺跡で見つかったドングリ**　佐賀市教育委員会提供

p.26　**加曽利貝塚の貝層**　千葉市立加曽利貝塚博物館提供

p.27　**秋田城鵜ノ木地区の古代水洗トイレ跡**　秋田市立秋田城跡歴史資料館提供

p.29　**土井ケ浜遺跡の弥生人の墓地**　土井ヶ浜遺跡人類学ミュージアム提供

p.31　**吉野ケ里遺跡で見つかった甕棺墓**　佐賀県教育委員会提供

p.32　**港川1号人骨**　東京大学総合研究博物館提供

p.33　**明石人骨の石膏模型**　東京大学総合研究博物館提供

p.35　**発掘された秦始皇帝の兵馬俑坑**　飯島武次氏提供

p.37　**遠くから見た始皇帝陵**　茂木雅博氏提供

p.39　**万里の長城**　茂木雅博氏提供

p.40　**荒神谷遺跡の銅剣**　島根県教育庁埋蔵文化財調査センター提供

p.41　**荒神谷の銅剣**　島根県教育庁埋蔵文化財調査センター提供

p.42　**加茂岩倉遺跡の銅鐸**　島根県教育庁埋蔵文化財調査センター提供

p.43　**銅矛**(検見谷遺跡出土)　佐賀県教育委員会提供

p.43　**銅戈**(柳沢遺跡出土)　長野県埋蔵文化財センター提供

p.45　**天理市の黒塚古墳で発見された大量の三角縁神獣鏡**　御影光治氏提供

p.46　**甕棺**(金隈遺跡出土)　著者撮影

p.47　**支石墓**(久保泉丸山遺跡出土)　佐賀市教育委員会提供

p.48　**吉野ケ里遺跡で見つかった巨大な弥生墳丘墓**　佐賀県教育委員会提供

p.49　**吉野ケ里遺跡で見つかった銅剣と管玉**　佐賀県教育委員会提供

163

p.50　登呂遺跡の復元住居　静岡市立登呂博物館提供

p.51　登呂遺跡で発掘された田圃の遺構　静岡市立登呂博物館提供

p.53　田和山遺跡　松江市教育委員会提供

p.54　吉野ケ里遺跡　佐賀県教育委員会提供

p.55　纒向遺跡の巨大建物群の想像復元図　公立鳥取環境大学浅川研究室・朝日
　　　　　　　　　　　　　　　　　　　　　　　　放送制作

p.58　北京原人の復元模型　著者撮影

p.59　北京原人の骨が見つかった周口店　著者撮影

p.63　イギリスのストーンヘンジ　後藤明氏提供

p.64　もっとも大きな古墳の大仙古墳　堺市博物館提供

p.66　八角形墳の牽牛子塚古墳　明日香村教育委員会提供

p.67　稲荷山の鉄剣　文化庁所蔵・埼玉県立さきたま史跡の博物館提供

p.69　解体前の高松塚古墳　著者撮影

p.70　宝塚古墳の舟形ハニワ　松坂市教育委員会提供

p.71　復元された森将軍塚古墳　千曲市教育委員会提供

p.72　今城塚古墳の柵形ハニワ　高槻市教育委員会提供

p.73　今城塚古墳の家形ハニワ　高槻市教育委員会提供

p.75　龍角寺 101 号墳の人物ハニワ　著者撮影

p.77　高松塚古墳の古代女性の壁画　文部科学省所蔵

p.78　高松塚古墳壁画の「白虎」　文部科学省所蔵

p.79　キトラ古墳壁画の天体図　文部科学省所蔵・奈良文化財研究所提供

p.81　茨城県の虎塚古墳　ひたちなか市教育委員会所蔵

p.82　武寧王陵の入り口　茂木雅博氏提供

p.83　武寧王陵の内部　茂木雅博氏提供

p.84　武寧王陵の内部　茂木雅博氏提供

p.85　武寧王陵の石造の動物　茂木雅博氏提供

p.85　復元された武寧王の棺　茂木雅博氏提供

p.86　太宰府に残る水城の跡　九州歴史資料館提供

p.87　水城の復元想像図　九州歴史資料館提供

p.89　法隆寺の金堂と五重塔　藤本強氏提供

p.90　山田寺の金堂の跡　奈良文化財研究所提供

p.92　山田寺回廊の連子窓枠　奈良文化財研究所提供

p.94　銅の発見を記念して秩父市に立てられた碑　秩父市提供

p.95　鋳型のなかに入っている和同開珎　日本銀行貨幣博物館提供

p.96 飛鳥池遺跡の富本銭出土地　著者撮影

p.97 鋳棹に付いて発見された**富本銭**　奈良文化財研究所提供

p.99 武蔵国分寺の復元想像図　国分寺市教育委員会提供

p.101 復元された平城京の大極殿　著者撮影

p.102 平城京の復元模型　奈良市役所所蔵

p.103 長屋王の邸宅跡で発見された**木簡**　奈良文化財研究所提供

p.107 ポンペイの**町並**　藤本強氏提供

p.108 **バシリカ**　藤本強氏提供

p.109 **コロシアム**　藤本強氏提供

p.109 逃げおくれた人たちの**遺体**　藤本強氏提供

p.110 ポンペイの**パン屋**　藤本強氏提供

p.112 **朝倉氏の館跡**　福井県立一乗谷朝倉氏遺跡資料館提供

p.113 **朝倉氏館の復元模型**　福井県立一乗谷朝倉氏遺跡資料館提供

p.114 **本能寺の瓦**　京都市文化財保護課提供

p.115 復元された安土城本丸の大手道　滋賀県教育委員会提供

p.116 常陸国の小田城遺構　つくば市教育委員会提供

p.117 十三湊の町並復元図　青森県五所川原市教育委員会提供

p.118 **鎌原観音堂**　著者撮影

p.119 **石見銀山の坑道**　藤本強氏提供

p.120 発掘された加賀前田藩屋敷内の地下室　著者撮影

p.121 長崎の出島に復元されたオランダ商館　長崎市提供

p.122 発掘された原城の石垣　南島原市提供

p.123 鉛の弾丸で作られた十字架　南島原市提供

p.123 江戸の水道の木樋　中央区立郷土天文館提供

p.124 伊豆韮山の反射炉　伊豆の国市役所提供

p.125 汐留遺跡で見つかった**新橋駅停車場の駅舎跡**　著者撮影

p.126 富岡製糸場の発掘　著者撮影

p.127 東邦大学校内に残る旧日本軍騎兵隊の兵舎　著者撮影

p.128 世界遺産に指定された原爆ドーム　藤本強氏提供

p.131 アンコールワット寺院　編集部撮影

p.132 アンコールワット寺院の塔　編集部撮影

p.133 アンコールトムのバイヨン　編集部撮影

p.133 バイヨンの回廊　編集部撮影

p.133 森本右近太夫が書き残した文章　編集部撮影

165

p.134　アンコールトムのライ王のテラス　編集部撮影

p.137　ローマ市内に残るローマ時代の遺跡　藤本強氏提供

p.140　雷下遺跡の丸木舟　公益財団法人千葉県教育振興財団提供

p.141　安満遺跡の見学会　著者撮影

p.142　いろいろな大きさの貨泉　平野淳氏提供

p.143　池上曽根遺跡に復元された大型の建物　和泉市教育委員会提供

p.147　黒曜石の破片　編集部撮影

p.149　鳥浜貝塚で発見された丸木舟　福井県立若狭歴史博物館提供

p.151　大賀ハスの発見地に作られた記念碑　著者撮影

p.153　発掘された黒井峯遺跡の畑　渋川市教育委員会提供

p.154　金井東裏遺跡で発見されたヨロイをつけた人骨　群馬県教育委員会提供

p.157　雲の上に建つ竹田城の城跡　吉田利栄氏提供

p.162　1976 年から 2015 年までの発掘調査件数の推移　「埋蔵文化財関係統計資料
平成 28 年度」（文化庁発行）参照

執筆者紹介

山岸　良二（やまぎし　りょうじ）

1951 年　東京生まれ。
1975 年　慶應義塾大学大学院修士課程修了。
　　　　（専攻は日本考古学）
1975〜2016 年　東邦大学付属東邦中高等学校教諭
現在　東邦中高等学校・昭和女子大学・放送大学で各
　　　非常勤講師、習志野市文化財審議会会長。
この間、日本考古学協会理事をはじめ多大学での非常勤講師歴任、各地の発掘調査事業の指導、一般向け講演、テレビ出演（NHKブックレビュー、日本テレビ世界一うけたい授業、TBS林修の歴史ミステリー、BSTBSにっぽん歴史鑑定ほか）などにより歴史学・考古学の啓蒙普及につとめる。

＜著書・編著書＞
『科学はこうして古代を解き明かす』『文化財を探る科学の眼』『邪馬台国を知る事典』『日曜日の考古学』『入門者のための考古学教室』『考古学のわかる本』『日本考古学の現在』『古代史の謎はどこまで解けたのか』『争乱の日本古代史』『最新考古学30の真相』『テーマ別にみる日本史』『関東の方形周溝墓』『原始・古代日本の墓制』『原始・古代日本の集落』『原始・古代日本の祭祀』など一般向け・専門家向け併せて57冊に及ぶが、本年6月刊行の『いっきに学び直す日本史』は20万部を超えるベストセラーになっている。

さかい　ひろこ

1965 年　茨城県生まれ。
1989 年　茨城キリスト教大学文学部英語英米文学科卒業。
1992 年　立教大学　学芸員課程修了。
その後、株式会社ジャパン通信社『月刊文化財発掘出土情報』編集部を経て、縄文まんが家・イラストレーター。子どもたちと考古学ワークショップを続けている。

＜おもな仕事＞（編集・イラスト・まんが等）
『火焰型土器まるごとガイドブック』津南町教育委員 2016、『弥生のムラ　湯舟沢　湯舟沢Ⅲ遺跡弥生土器圧痕レプリカ法調査報告書』滝沢市教育委員会 2016、『ひとが優しい博物館　ユニバーサルミュージアムの新展開』広瀬浩二郎著・青弓社 2016、『縄文人のくらし大研究』岡崎務著/小薬一夫監修・PHP 研究所 2014、『まんがでたどる NHK 日本人はるかな旅』NHK 出版 2001 ほか

親子でまなぶ　たのしい考古学

2018 年 7 月 31 日発行

著　者　　山　岸　良　二
　　　　　さかいひろこ
発行者　　山　脇　由　紀　子
印　刷　　亜　細　亜　印　刷㈱
製　本　　協　栄　製　本㈱

発行所　東京都千代田区飯田橋 4-4-8　　㈱同成社
　　　　（〒102-0072）東京中央ビル
　　　　TEL　03-3239-1467　振替　00140-0-20618

Ⓒ Ryoji Yamagishi & Hiroko Sakai 2018, Printed in Japan
ISBN978-4-88621-801-8　C8021